高职高专公共基础课系列教材

大学生劳动教育基础

主　编　左　红
副主编　高琳璐　张　鑫
参　编　臧婵媛　王　静　韩李梅　黄　南

西安电子科技大学出版社

内 容 简 介

本书共七章，分别为劳动教育概述、劳动精神、劳模精神、工匠精神、志愿服务、劳动实践、劳动安全。本书层次清晰，语言简洁且通俗易懂。书中的"学习导入""讨论交流""拓展阅读"等板块，能够帮助学生更好地理解和应用所学知识，提高学习效果。本书深入挖掘劳动精神、劳模精神、工匠精神这三种精神的内涵和时代价值，旨在引导学生形成正确的劳动观念，培养劳动精神，提高劳动素养，从而成为新时代的高素质劳动者。

本书可作为高职院校劳动教育必修课的教材，也可作为社会各界人士学习劳动教育的参考用书。

图书在版编目（CIP）数据

大学生劳动教育基础 / 左红主编. -- 西安 ：西安电子科技大学
出版社，2024．8． -- ISBN 978-7-5606-7443-8

Ⅰ. G40-015

中国国家版本馆 CIP 数据核字第 2024B613L6 号

策　　划　李鹏飞　杨航斌
责任编辑　李鹏飞
出版发行　西安电子科技大学出版社（西安市太白南路 2 号）
电　　话　(029) 88202421　88201467　　　邮　　编　710071
网　　址　www.xduph.com　　　　　　　电子邮箱　xdupfxb001@163.com
经　　销　新华书店
印刷单位　广东虎彩云印刷有限公司
版　　次　2024 年 8 月第 1 版　2024 年 8 月第 1 次印刷
开　　本　787 毫米×1092 毫米　1/16　印张 9
字　　数　171 千字
定　　价　32.00 元
ISBN 978-7-5606-7443-8
XDUP 7744001-1

＊＊＊如有印装问题可调换＊＊＊

PREFACE 前 言

2020 年 3 月 20 日，中共中央、国务院《关于全面加强新时代大中小学劳动教育的意见》(以下简称《意见》)发布。《意见》指出，劳动教育是中国特色社会主义教育制度的重要内容，是学生成长的必要途径，具有树德、增智、强体、育美的综合育人价值。实施劳动教育的重点是在系统的文化知识学习之外，有目的、有计划地组织学生参加日常生活劳动、生产劳动和服务性劳动，让学生动手实践、出力流汗，接受锻炼、磨炼意志，培养学生正确劳动价值观和良好劳动品质。

对于职业院校而言，依据《意见》精神，结合新时代职业教育的使命与实际，开发出一本既契合职业教育教学改革要求，又能满足职业院校需要的劳动教育教材，是开展劳动教育的有效支撑，也是职业院校规范开展劳动教育的前提。

天津医学高等专科学校的前身是北洋女医学堂，始建于 1908 年，是中国历史上第一所公办护士学校。百余年来，学校紧密依托行业，走联合办学之路，突出职业教育的"职业性、开放性、实践性"，为我国医疗卫生事业的发展输送了大批优秀人才。按照《大中小学劳动教育指导纲要(试行)》、天津市《市教委关于进一步加强大学生实践活动的实施意见》(津教委〔2014〕69 号)等文件要求，结合实际教学情况，天津医学高等专科学校劳动教育工作领导小组带领一线教师编写了本书。

编者遵循教育部《大中小学劳动教育指导纲要(试行)》的指导，聚焦高职院校劳动教育的难点痛点，以用人单位人才需求为出发点，以学生的劳动素养为落脚点，对全书进行整体化设计，努力做到科学性、时代性、可操作性的统一。在编写过程中，编者紧密结合当代高职院校的教育特点和学生实际，确保教材内容的科学性；紧密贴合新时代对劳动者素养的要求，强调传承传统的同时重视与时俱进；始终注重实践性和可操作性，使学生能够真正理解和践行劳动教育的核心要义。

在本书编写过程中，编者查阅和参考了大量的文献资料，在此向相关资料的作者表示感谢。

由于编者水平有限、时间仓促，书中难免存在疏漏和不妥之处，恳请读者批评指正。

编 者
2024 年 3 月

CONTENTS 目 录

第一章　劳动教育概述

中共中央、国务院《关于全面加强新时代大中小学劳动教育的意见》中指出：劳动教育是中国特色社会主义教育制度的重要内容，直接决定社会主义建设者和接班人的劳动精神面貌、劳动价值取向和劳动技能水平。习近平总书记在全国教育大会上呼吁："要在学生中弘扬劳动精神，教育引导学生崇尚劳动、尊重劳动，懂得劳动最光荣、劳动最崇高、劳动最伟大、劳动最美丽的道理，长大后能够辛勤劳动、诚实劳动、创造性劳动。"实施劳动教育的重点是在系统的文化知识学习之外，有目的、有计划地组织学生参加日常生活劳动、生产劳动和服务性劳动，让学生动手实践、出力流汗，接受锻炼、磨炼意志，培养学生正确劳动价值观和良好劳动品质。

通过本章学习，学生能够了解劳动的内涵、劳动的价值，对劳动教育的内涵和重要意义有初步的认知；学生可以掌握马克思主义劳动观的基本观点，为学习劳动教育的理论知识奠定基础。

第一节　劳动和劳动教育

学习导入

劳动教育，有必要吗？

情景一：王华是某医学高职院校的一名大一新生。听到学校要开展劳动教育，他发表了自己的看法："现在科技飞速发展，很多传统劳动都被科技产品替代，扫地都有机器人了，还有必要浪费时间参加劳动教育吗？都上大学了，没必要再参加劳动活动了。"

情景二：在学生社团的带领下，李刚参加了一次特殊的学农活动。在地里干了一周时间的农活，他收获很大。他觉得干农活很有意思，虽然很累，但是很开心。但当辅导员问李刚参加学农活动有什么深层次的感受时，李刚想了想说："体力劳动还是太辛苦，我将来大学毕业以后还是从事脑力劳动吧！"

讨论交流

1. 你同意王华和李刚的想法吗？为什么？

_____

_____

_____

_____

_____

_____

_____

2. 劳动教育有什么意义？请结合自身经历谈谈你对劳动教育的看法。

_____

_____

_____

_____

_____

_____

一、劳动的内涵

劳动是人类的本质活动，劳动光荣、创造伟大是对人类文明进步规律的重要诠释。中华民族是勤于劳动、善于创造的民族。正是因为劳动创造，我们拥有了历史的辉煌；也正是因为劳动创造，我们拥有了今天的成就。

在现代语境下，"劳动"被定义为"人类创造物质或精神财富的活动"。而从事这类活动的人，被称为"劳动者"。

劳动是人类活动的一种特殊形式。在商品生产体系中，劳动是劳动力的支出和使用。马克思给劳动下了这样的定义："劳动力的使用就是劳动本身。劳动力的买者消费劳动力，就是让劳动力的卖者为其提供劳动。"

劳动是发生在人与自然界之间的活动，其实质是通过人的有意识的、有一定目的的自身活动来调整和控制自然界，使之发生物质变换，即改变自然物的形态或性质，为人类的生产生活和自己的需要服务。

劳动创造人类，劳动创造世界，劳动创造未来。

二、劳动的价值

劳动是人与动物的根本区别，劳动创造了人，进而创造了世界。马克思说："任何一个民族，如果停止劳动，不用说一年，就是几个星期，也要灭亡。"

（一）劳动的政治价值

因为劳动是一种具有鲜明的价值导向性和政治性的实践活动，所以劳动具有政治价值。在资本主义社会条件下，资本追逐利润的本性和逻辑逐渐消解了人的主体性，美好生活是少数资本家享有的权利，对于广大受剥削和受压迫的普通劳动者与无产阶级而言，美好生活只能是一种虚无缥缈的幻想和虚假口号。正如马克思在《1844年经济学哲学手稿》中指出："劳动为富人生产了奇迹般的东西，但是为工人生产了赤贫。劳动生产了宫殿，但是给工人生产了棚舍。劳动生产了美，但是使工人变成畸形。劳动用机器代替了手工劳动，但是使一部分工人回到了野蛮的劳动，并使另一部分工人变成机器。劳动生产了智慧，但是给工人生产了愚钝和痴呆。"

《共产党宣言》明确指出，共产主义是解答人类历史"发展之谜"的联合体，在那里，每个人的自由发展不仅仅是人类解放的终极目标，还是一切人的自由发展的条件。这里的"自由发展"是一个综合性范畴，也涵盖了劳动的解放。劳动在那样的"自由王国"中终将成为人的自由的对象化劳动，成为占有人的全部本质的主要方式。在自由全面劳动的前提条件下，劳动者能在劳动过程中实现身心和谐健康发展，能在劳动过程中全身心投入，磨砺心志，提升人格，感受到真善美的意境，领悟人生的真谛，从而实现美好生活的目标与理想。

（二）劳动的经济价值

劳动是人类社会立足的基础，劳动创造并发展了人类自身，劳动几乎创造了所有的物质文明和精神文明。劳动的价值首先集中地、最大而又最显性地表现在它的经济价值方面。早在17世纪，经济学家威廉·配第就提出了一个著名论断："劳动是财富之父。"马克思本人虽然不认为劳动是创造使用价值的唯一源泉，但也赞赏这个论断。马克思曾说："劳动并不是它所生产的使用价值即物质财富的唯一源泉。正如威廉·配第所说，劳动是财富之父，土地是财富之母。"

我国古代的统治者、政治家、思想家也早已认识到劳动可以创造巨大的财富，可以满足人和国家的需要。只是古代中国统治阶级认为最要紧的劳动是农业生产，只要通过倡导、驱使民众从事农业生产，创造大量的财富，就可以民足、国富、天下安定。这些在西汉政论家贾谊的《论积贮疏》中有集中反映："今殴民而归之农，皆著于本；使天下各食其力，末技游食之民，转而缘南亩，则畜积足而人乐其所矣。""人（民）乐其所"，统治者"为富安天下"，这就是中国古人眼里劳动的价值与意义。

（三）劳动的社会价值

马克思主义劳动学说指出，以一定的方式进行生产活动的一定的个人，发生一定的社会关系和政治关系，即劳动是在一定的社会关系下进行的，劳动又再生产出一定的社会关系。一切劳动的开始都必须以劳动的主体、客体和媒介的社会结合为基础；反之，如果这三者不以一定的方式结合起来共同作用和相互交换其活动，就不能开展劳动。这样，劳动就不仅要生产满足个人的维生物品，还要超出这个基本限度，把个人作为特定社会的劳动者的社会关系再生产出来，因此劳动价值就具有了我们所说的社会性。

劳动的社会性又决定了劳动的价值具有相对性。劳动有无价值，价值有多大，评判标准是以社会来作为尺度的，而不是以劳动所创造的物品好坏、多少作为尺度的。我们不能绝对地说，生产的物品越多、越好，劳动的价值就越大；反之价值就低，甚至没有价值。

劳动的社会价值和社会价值的相对性的内在逻辑是：劳动是必须在一定的社会关系下进行的，这种在一定社会关系下进行的劳动，生产人们的需要和满足人们的享受；而衡量和评判这种需要和享受的标准，不是以满足人们的物品为尺度的，而是以社会为尺度的。这是马克思主义劳动价值学说的基本观点。

三、劳动教育的内涵

分析以往劳动教育的有关定义可以发现，人们对劳动教育本质属性的认识大体可以分成四类。

（一）将劳动教育视为德育的主要内容

《辞海》对劳动教育的定义是："劳动教育是德育的内容之一。对学生进行热爱劳动和劳动人民、珍惜劳动成果、树立正确的劳动观点和劳动态度、通过日常生活培养劳动习惯和技能的教育活动。"《中国大百科全书·教育》将劳动教育定义为："中国德育内容之一，指使学生树立正确的劳动观点和劳动态度，热爱劳动和劳动人民，养成劳动习惯，珍惜劳动成果。"这两个定义均更强调劳动教育的德育属性，侧重热爱劳动和劳动人民的情感、正确劳动观念和态度的培养，把劳动习惯的养成和劳动技能的掌握看作是日常生活培养的结果，并不突出劳动教育的智育价值。

（二）将劳动教育视为智育的主要内容

《教师百科辞典》对劳动教育的定义是："劳动教育就是向受教育者传播现代生产的基本知识和技能，培养他们具有正确的劳动观点、劳动习惯和热爱劳动人民、劳动成果的感情。劳动教育十分重视劳动过程中的智力因素，把平凡的劳动同创造性劳动结合起来，把简单的劳动与富有知识的劳动结合起来。"成有信在其《教育学原理》中更是直截了当地将劳动教育定义为"培养学生具有现代工农业生产的基本知识和基本技能的教育"①。这两个定义均更强调劳动教育的智育属性，将劳动教育的主要价值定位为传播现代生产基本知识和技能，提高社会劳动生产者的智力水平。

（三）将劳动教育视为德育和智育的综合体

《中国百科大辞典》在劳动技术教育词条下对劳动教育和技术教育分别作了解释："劳动教育是以劳动实践为主，结合进行思想教育。技术教育是使学生掌握一定的生产知识及技术和劳动技能。其实施有利于培养学生的劳动观点、劳动技能和劳动习惯，为普通教育和职业教育打下基础。"也就是说，劳动教育更偏重德育，技术教育更偏重智育，二者相结合，共同培养劳动观点、劳动技能和劳动习惯。黄济先生认为，劳动教育是一个涉及范围很广、不甚确定的概念，"但从其基本任务而言，不外两大方面，一是劳动技能的培养，二是思想品德的教育。在学校的劳动教育中，常常是二者兼而有之。"②徐长发认为："劳动教育是使青少年学生获得正确劳动观念、劳动习惯、劳动情感、劳动精神，了解和懂得生产技术知识，掌握生活和劳动技能，在劳动创造中追求幸福感的育人活动。它包括劳动思想观念的教育、劳动技术知识和劳动技能的教育。"③这些定义均强调劳动教育的思想品德教育和知识技能教育的双重属性。

（四）将劳动教育视为促进学生全面发展的实践教育形式

陈勇军认为："劳动教育的本质含义是指通过参加劳动实践活动所进行的一种有目的、有计划、有组织的培养受教育者多种素质的教育活动，是融德育、智育、体育、美育为一体的全面提高学生综合素质的教育。"④可见，陈勇军倾向于将劳动教育视为学

---

① 成有信：《教育学原理》，河南教育出版社，1993，第390页。
② 黄济：《关于劳动教育的认识和建议》，《江苏教育学院学报》（社会科学版）2004年第5期。
③ 徐长发：《劳动教育是人生第一教育》，《中国农村教育》2015年第10期，第4版。
④ 陈勇军：《马克思主义"教育与生产劳动相结合"生产劳动的涵义》，《南京体育学院学报》1995年第4期。

生参加劳动实践活动的教育形式，并借此全面提升德智体美各方面素质。

许多伟大的教育家也倾向于将劳动教育理解为结合学生生活和社会生产实际进行的"做中学"的活动。教育家苏霍姆林斯基认为："劳动教育是对年轻一代参加社会生产的实际训练，同时也是德育、智育和美育的重要因素。"他认为劳动教育的理想追求是"使每一个人早在少年时期和青年早期就能领悟到劳动能使他的自然天赋更全面、更明显地发挥出来，劳动会带给他精神创造的幸福"。可见，苏霍姆林斯基把劳动教育视为让学生参加社会生产实际训练的形式，通过这一形式渗入德育、智育和美育，全面发挥人的自然天赋。陶行知也把劳动教育视为"在劳力上劳心"的实践活动，他说："中国教育之通病是教用脑的人不用手，不教用手的人用脑，所以一无所能。"劳动教育的目的就在于"谋手脑相长，以增进自立之能力，获得事物之真知，及了解劳动者之甘苦"。可见，伟大的劳动教育实践家们更倾向于把劳动教育理解为"做中学"的实践形式。在劳动教育的目的方面，他们更强调劳动教育之于个体发展的内在价值——激发劳动热情、促进认知发展、提高实践能力、养成良好个性。

四、劳动教育的重要意义

劳动教育是连通教育世界与生活世界、职业世界、新兴创客世界等的重要环节，是素质教育的重要内容，是促进大学生德、智、体、美、劳全面发展的重要载体。在高校开展劳动教育具有重大意义。

（一）劳动教育是实现中国梦的伟大助推力量

劳动开创未来，奋斗实现梦想，"以劳动托起中国梦"，中国梦的实现根本上要靠劳动者的辛勤劳动、诚实劳动和创造性劳动。大学生对劳动的认知、对待劳动的态度以及劳动习惯、劳动技能的培养，将决定着国家和民族的未来。

随着物质生活条件的好转，一些大学生推崇享乐，贪图安逸，不能吃苦耐劳；相当一部分的年轻人向往着成为"网红"，向往着"日进斗金"。这些涉世未深的年轻人大多喜欢把一些特殊案例看作他们的动力，比如 Papi 酱。然而，很多人只看到了别人光鲜亮丽的一面，却没看到他们背后承担的各种风险和付出的艰辛。

通过劳动教育，我们可以形成正确的劳动价值观和良好的劳动品质，同时体会劳动创造美好生活的本质，认识到劳动不分贵贱，从而更加热爱劳动，而这些都将有助于我们接力奋斗，实现中华民族伟大复兴的中国梦。

（二）劳动教育是培养合格的社会主义建设者和接班人的途径

当代青年人思维活跃，敢于创新，自我意识较强，讲求实际，追求个性化，对工作和生活的选择多样化。讲创新、有想法、追求个性化没问题，但好高骛远、好逸恶劳、贪图享受的劳动态度以及不尊重劳动、不尊重劳动者的行为都是不可取的。

一代人有一代人的使命，我们这一代青年人能否担起时代和人民赋予的历史重任，除了依靠组织培养，关键还要看自身努力。我们青年一代要主动接受劳动教育，培养自身的劳动素质，弘扬劳动精神，传承工匠精神，树立"以天下为己任""舍我其谁"的社会责任感，发扬担当精神，努力成为让党、祖国和人民满意和放心的新时代中国特色社会主义的合格建设者和接班人。

（三）劳动教育是高校立德树人的重要载体

立德树人作为一种先进的教育理念，以培养德才兼备、全面发展的人才为主旨。高校应如何培养德才兼备、全面发展的人才，以适应社会经济发展对高素质、高层次人才的需求呢？发展经验和实践证明：劳动教育是培养全面发展人才的必要条件，也是其基本途径和有效途径。

劳动教育不仅是传授劳动技能，更以塑造人格、完善品德、培养价值观念为目标，它既是立德的重要内容，也是立德的途径。

（四）劳动教育是学生成长成才的需要

对于学生，劳动可能并不直接创造财富，但可以培养优良品质。现实生活中，一些人不理解劳动，不愿意劳动。有的同学说："我们学习这么忙，劳动太占时间了！"真的是这样吗？我们学习的是科学文化知识，而劳动是科学文化的源泉。古有鲁班造锯，现有杂交水稻。现代科技，再也不是"四体不勤、五谷不分"的人闭门造车的产物。袁隆平为了研究杂交水稻，吃住在田间地头，解决了几亿人的温饱问题，离开一线劳动，这些都是不可想象的。学习怎么能离得开劳动？劳动是最好的学校！

接受劳动教育，有利于我们在课堂学习、自身学习、实验实践等环节上付出大量劳动，将自己打造成未来的有用之才；有利于我们在体味艰辛、挥洒汗水中塑造坚强的内心，在艰苦奋斗、顽强拼搏中磨炼自己的意志，从而获得受益终身的宝贵精神财富；有利于我们形成积极向上的就业创业观，在国家社会需要与个人价值实现、专业学习与岗位匹配等方面找到平衡，形成自主多元的积极就业观，提升创新创业意识和能力。

劳动精神的培育是高校德育的重要内容，劳动技能的教育是高校智育的重要内容，将劳动教育与德智体美教育并列，既是对劳动教育本身的有效加强，也是对德智体美教育的有力支撑。

（五）劳动教育对于高职学生有着特殊的意义

劳动教育有助于强化高职学生的劳动观念，助推高职学生端正劳动态度；有助于提高高职学生的劳动积极性，培养劳动技能；有助于增强高职学生的劳动法律意识，维护自身劳动的合法权益；有助于促进高职学生养成良好的劳动习惯，提高劳动素质；有助于激发高职学生的创新意识，提升自身的实践能力；有助于培养高职学生艰苦创业的精神，端正就业态度。

第二节 树立正确的劳动观

》学习导入

美丽的"雪莲花"

2010 年 4 月，白俊来来到青岛客运段动车队，成为一名铁路人。工作中，白俊来严格要求自己，结合工作实际和高铁乘务工作特点，带领班组强化管理，总结出"严、细、想、快、勤"的五字工作法。2014 年春运，青岛客运段北京动车队推出"五朵金花"形象代表，白俊来因工作中的出色表现，被推选为五朵金花之一的"雪莲花"。白俊来来自大西北，生活中的她善良坚强、纯洁美丽，同事形容她"仿如天山上的一朵雪莲，在雪山伸出千年的冰峰之手，裹着一袭冰清玉洁，迎着雪花傲然绽放"。

讨论交流

白俊来为什么能被推选为同事赞誉的"雪莲花"？

_____

_____

_____

_____

_____

一、马克思主义劳动观的内涵

西方学者认为劳动首先是一种创造价值的活动，是一种生产的力量。劳动是分类型的，一种是通过体力进行的直接劳动，一种是通过脑力进行的间接劳动；同时，劳动又是与阶级紧密联系的，他们认为统治者、上层阶级是不需要从事体力劳动的，被统治者、下层阶级才需要也只能从事与维持生计相关的体力劳动。后来马克思、恩格斯对劳动做了更为精辟深入的论述。

（一）劳动创造人本身

劳动是人类的本质活动，也是推动人类进步的根本力量。人类的第一个历史活动就是物质的生产，正是在此意义上，劳动创造了人本身。马克思在《德意志意识形态》中明确指出，可以根据意识、宗教或随便别的什么来区别人和动物。当人开始生产自己的生活资料，人本身就开始把自己和动物区别开来。恩格斯在 1876 年所写的《劳动在从猿到人转变过程中的作用》中，明确提出并全面论证了劳动创造人的原理。他指出，劳动"是整个人类生活的第一个基本条件，而且达到这样的程度，以致我们在某种意义上不得不说：劳动创造了人本身"。

（二）劳动创造人类社会

马克思主义强调劳动在人类社会发展中的奠基性作用，认为"整个所谓世界历史不外是人通过人的劳动而诞生的过程"。一部人类社会发展的历史就是人通过劳动改造自然界及"人的自然存在"的历史。劳动不仅创造了人，而且创造了人类社会。劳动是社会一切财富的源泉。

（三）劳动实现人自身的解放和人的全面发展

马克思把人的全面发展确立为社会发展的最高目标。马克思认为人的全面发展包含三个方面。首先，人的全面发展是人的社会关系的全面发展，指的是人与人之间社会关系的高度丰富和实质化。同时，人的全面发展是人的活动及其能力的全面发展，指的是将人的能力最大限度地发挥出来。这个能力包括体力和智力、自然力和社会力、个体能力和集体能力、现实能力和潜在能力以及知、情、意等，这不仅是一个人的权利，也是人之为人的使命。此外，人的全面发展是人的个性的全面发展，指的是个人关系和个人能力的普遍性和全面性。人的个性不再受到压抑，不再只是局限在少数人或某些阶层身上，每个人的物质生活和精神生活不断得到改善，个人素质不断完善。而劳动是实现人自身的解放和人的全面发展的唯一途径。

马克思、恩格斯强调教育和劳动相结合的问题，当劳动和智育、体育相结合时，不仅有效地提高了社会生产率，而且还有助于人的全面发展。他们还预测，未来对一定年龄的青少年来说，生产劳动的教育是必不可少的，"在社会主义社会，教育将和生产劳动相结合"。这里的教育与生产劳动的结合是指在资本主义社会化生产条件下，劳动者所接受的现代学校教育与机器大工业化生产劳动之间的结合。生产者的教育与生产劳动相结合，必须以接受科学教育为中心。只有在接受科学文化教育的基础上，同时接受体育、技术等多方面教育，将生产劳动与教育进行双向的结合，才能提高人的道德素质、知识能力，为成为全面发展的人提供可能。马克思将教育与生产劳动相结合的观点，旨在消灭生产过程中专业分工和体力劳动、脑力劳动分离的现象。只有在以公有制为基础的社会主义社会中，才能为脑力劳动和体力劳动、教育与生产劳动相结合提供可能。

二、歌声中的劳动观

正确的劳动观究竟是什么？应该如何对待劳动？新时代的劳动观应该是什么样的？我们现在经常听到的"以劳树德""以劳增智""以劳强体""以劳育美""以劳创新"等词汇，都体现了人们的劳动观。古往今来，劳动人民用各种艺术形式表达着对劳动的态度，特别是用很多歌曲来体现着劳动观，人们用歌声展现劳动风采、歌颂劳动精神。

（一）劳动号子

劳动号子简称"号子"，北方常称"吆号子"，南方常称"喊号子"。号子是直接伴随体力劳动，并和劳动节奏密切配合的民歌。它粗犷豪迈、坚实有力，真实地反映劳动状况和劳动者的精神面貌，是某些体力劳动中不可缺少的有机部分。

劳动号子是产生并应用于劳动的民间歌曲，具有协调与指挥劳动的实际功用。在劳动过程中，尤其是集体协作性较强的劳动中，为了统一步伐、调节呼吸、释放身体负重的压力，劳动者常常发出吆喝或呼叫。这些吆喝、呼号声逐渐被劳动人民美化，从最初劳动中简单的、有节奏的呼号，发展为有丰富内容的歌词、有完整曲调的歌曲形式。劳动号子体现了劳动人民的智慧和力量，并将劳动人民乐观的精神和大无畏的英雄气概表现出来。

（二）《咱们工人有力量》

《咱们工人有力量》创作于 1947 年，它以坚实有力、豪迈热烈的旋律，表现了工人们为支援全国解放而紧张劳动的战斗生活，塑造了获得解放的中国工人阶级顶天立地的英雄形象。

歌曲采用二部性的结构，前一个段落以坚定有力的切分节奏、一唱众和的豪迈音调和连续上行模进的乐句，刻画了工人阶级沉着坚毅的性格，表现了他们改造世界的雄壮气魄；后一个段落节奏紧凑，出现了欢快的劳动呼号，并以反复多次的短小乐汇，把歌曲推向高潮，形象地描绘了工人阶级忘我劳动的热烈场面。

（三）《丰收歌》

《丰收歌》是一首中国民歌。中华人民共和国成立伊始，一批音乐家创作了许多革命群众歌曲，《丰收歌》便是其中之一。其他作品还有《团结就是力量》《没有共产党就没有新中国》《跌倒算什么》《茶馆小调》《古怪歌》《翻身道情》《南泥湾》《解放区的天》《咱们工人有力量》等。《丰收歌》比较知名的版本是由郭兰英演唱的。

《丰收歌》旋律欢快优美，既有民族特色，又富有时代气息，描绘了大江南北喜获丰收的景象，表达了农民对农业生产的重视、对美好生活的向往和对祖国的热爱。

（四）《劳动最光荣》

《劳动最光荣》是电影美术片《小猫钓鱼》的主题歌，曾在第一次全国儿童文艺创作评奖中荣获三等奖。歌曲生动活泼，形象鲜明，充满儿童情趣。歌曲先用器乐描绘天慢慢亮起来，之后引出孩子活泼而有生气的歌声。在1988年中央电视台"六一"晚会上，银河少年合唱团曾演唱过这首歌曲。

看过《小猫钓鱼》的人都明白一个道理：学习和做事情要专心致志才能成功。聆听主题歌《劳动最光荣》可以让学生体会其欢快的音乐情绪，使他们从小就建立起劳动光荣的意识，激发学生对劳动和生活的热爱。

（五）《太阳出来喜洋洋》

歌曲《太阳出来喜洋洋》诞生在重庆沙坪坝，收录于1963年1月1日由中国唱片发行的专辑《嘉陵江上》中。歌曲中大量运用"罗儿""嘟嘟扯匡扯"等具有地方特色的衬词，流露出歌者愉悦自得的心情，表达了山民们热爱劳动、热爱山区生活的情感。歌词从不同角度展现出了打柴人的精神和情趣，以"太阳出来"起兴，用"上山岗"点题。其中"嘟嘟扯匡扯"是全首歌词的点睛之笔，因"扯"在四川方言中读作"cai"，所以实际上这是仿锣鼓敲打的象声词，它夹在下句的中间，一是歌者借此给自己的歌声作"伴奏"，二是表达其此时此刻昂扬兴奋之情。

（六）《我为祖国献石油》

《我为祖国献石油》是一首歌唱石油工人的歌曲，也是中国石油大学（北京）、广东石油化工学院的校歌，创作于1964年。这首歌曲把石油工人气壮山河的豪迈气概表达得淋漓尽致。在石油工业发展进程中，这首歌曲已成为石油工人心灵的写照，激励着一代代石油人投身祖国石油工业建设，用天不怕、地不怕的壮志豪情，谱写出一曲曲撼天地、泣鬼神的感人乐章。

（七）《在希望的田野上》

1978 年，党的十一届三中全会召开，为中国农村的全面改革制定了美好的蓝图。短短几年，中国农村就发生了翻天覆地的变化，农民生活水平显著提高。时任《歌曲》月刊编辑的陈晓光在安徽、四川等地农村体验生活，他亲身感受到了人民群众发自心底的喜悦，深切体会到了祖国大地日新月异的活力，于是他激动地写下了《在希望的田野上》的歌词。随后，陈晓光将歌词交给了作曲家施光南。这位来自重庆的作曲家，同样饱含着对农村的热爱和对新时代的向往，只花了半天时间就完成了谱曲。

《在希望的田野上》是一首歌唱祖国繁荣富强的歌。歌曲充满乡土气息，歌词朴实，曲调优美流畅，朗朗上口，通过对家乡充满希望的田野的赞美，抒发了人们对美好生活的赞美，歌颂了新生活，歌颂了新时代。歌词把希望和未来巧妙地结合起来，既歌颂了改革开放以来的新变化、新面貌，又憧憬着富裕、兴旺而幸福的未来。2007 年 9 月，《在希望的田野上》作为嫦娥一号月球探测卫星搭载歌曲在太空播放。

（八）《假如你要认识我》

歌曲《假如你要认识我》诞生在改革开放初期，由天津著名歌唱家关牧村演唱。1979 年涌现出上百首带有浓重理想主义色彩的抒情歌曲，这首歌就是其中广为流传的一首女中音独唱曲。这首为青年突击队员写的歌，热情活泼，反映了青年人在改革开放的事业中奋发进取的精神和对美好爱情的追求，在 20 世纪 80 年代可谓家喻户晓，激励了一代年轻人奋发向上。

（九）《金梭和银梭》

"一寸光阴一寸金"，对于每一个奋斗者来说，时光比金子还要宝贵。1980 年，我国著名音乐诗人——中国人民解放军总政歌舞团的词作家李幼容，乘科学考察船"远望号"参加我国第一次运载火箭发射的演练，万吨巨轮日夜兼程，在太平洋的波涛中破浪前进。一天清晨，李幼容在甲板上看到东方的太阳刚刚跃出海平面，此时西方的月亮还挂在天上。日月对映的海上奇观，使李幼容激动不已，他在甲板上写出了诗作《日月奇观》，也就是后来我们熟悉的《金梭和银梭》的歌词。这首歌词在诗情画意中，饱含了催人奋进的力量。

后来，朝鲜族作曲家金凤浩以吉林省的吉剧音乐和朝鲜族民间音乐为素材，为这首词作谱写了旋律，歌名叫作《金梭和银梭》。歌曲原唱朱逢博，《金梭和银梭》也是朱逢博的代表作之一。

第二章　劳动精神

　　在全国劳动模范和先进工作者表彰大会上，习近平总书记精辟概括了劳模精神、劳动精神、工匠精神的深刻内涵，指出劳模精神、劳动精神、工匠精神是鼓舞全党全国各族人民风雨无阻、勇敢前进的强大精神动力。其中，劳动精神是所有劳动者的共性，是一名合格的劳动者应该有的精神，是培育劳模精神和工匠精神的深厚土壤。因此，我们要大力弘扬劳动精神，建设知识型、技能型、创新型劳动者大军，在全面建设社会主义现代化国家进程中建功立业。

　　劳动精神是每一位劳动者为创造美好生活，而在劳动过程中应该秉持的劳动态度、劳动理念及展现出的良好风貌。在长期实践中，我们培育形成了崇尚劳动、热爱劳动、辛勤劳动、诚实劳动的劳动精神。党的十八大以来，习近平总书记关于劳动和劳动精神的重要讲话是正确理解劳动精神的根本遵循。从个人层面上，"要在全社会大力弘扬劳动精神，提倡通过诚实劳动来实现人生的梦想、改变自己的命运"；从集体层面上，"让全体人民进一步焕发劳动热情、释放创造潜能，通过劳动创造更加美好的生活"；从国家层面上，"劳动创造了中华民族，造就了中华民族的辉煌历史，也必将创造出中华民族的光明未来"。这些重要论述具有很强的思想性、指导性、针对性，必将鼓舞和激励我们担当新使命、奋进新时代。

第一节　劳动精神的概念

学习导入

全国劳动模范、金牌工人——许振超

"干就干一流，争就争第一。"这是青岛前湾集装箱码头有限责任公司固机高级经理、中华全国总工会原副主席（兼职）许振超的"座右铭"。

1974年，只上过两年初中的许振超来到青岛港当上了一名码头工人。那时，港口装卸作业方式很落后，体力劳动繁重、工作环境艰苦。"当时我经常一边工作，一边思考：难道码头工人就不能摆脱这种出大力、流大汗的命运吗？"许振超回忆说。慢慢地，青岛港进口了一些现代化机械设备。但由于工人们不了解使用和维护技术，设备经常出故障，有的用了不到一年就损坏了，有的还酿成了事故。

"缺少知识误人误事，唯有知识才能改变命运。"这一信条很快占据了许振超的大脑。此后，许振超身上不离"两件宝"——笔记本和英汉小词典，他刻苦自学桥吊核心电路等知识，其中不少是英文资料。1984年青岛港组建集装箱公司，许振超因肯钻研、技术好，被选为第一批桥吊司机。经过苦练，他成功练就了"一钩准"等"绝活"，带出了"王啸飞燕"等一大批具有社会影响的"绝活"品牌。

2003年4月27日，许振超带领桥吊队的工友们，仅用6小时15分钟就完成了"地中海法米娅"轮3400个标准箱的装卸，创造了每小时单机效率70.3自然箱和单船效率339自然箱的世界纪录。此后五年，许振超带领桥吊队，又先后七次打破集装箱装卸世界纪录，使"振超效率"享誉全球。

练绝活之余，在岗位上许振超还勇于创新。经多次试验，他在冷藏集装箱上加装了节电器，全年节约电费600万元。此外，他还领衔组织实施了轮胎吊"油改电"的技术改造，这一技术填补了国际空白，年节约资金2000万元以上，噪声和尾气污染接近于零。

许振超的日记中有这样两句话："悟性在脚下，路由自己找""要自己教育自己"。如今的许振超，仍经常在青岛港为他设立的"许振超大师工作室"里，和新一代码头工人围绕自动化集装箱码头技术，开展以高效服务为目标的创新。他说："我们不要'差不多'！要干就尽力追求完美，争取世界领先！"

许振超成功的原因其实有很多，包括他坚持学习、不懈进取的奋进精神，爱岗敬业、为国奉献的主人翁精神，与时俱进、争创一流的创新精神，以及他团结协作、支持

他人的团队精神等。这一切都可以简单概括为：许振超具备追求极致的职业操守和职业精神。这种精神激励他通过劳动不断提升知识水平和专业技能，让他在为国家、为社会、为企业创造价值的同时也实现了自身的价值。由此可见，劳动对于一个人实现个人价值和社会价值起着至关重要的作用。

💡 讨论交流

　　有些学生毕业后不想工作，一心想当"网红"。你如何理解这种想法？请结合案例跟这类学生"谈谈心"。

_____

_____

_____

_____

_____

_____

_____

　　马克思以劳动为起点揭示了人的"类存在物"本质，指出人能够通过实践创造对象世界，改造无机界，证明自己是有意识的类存在物，这表明劳动能赋予人以精神特质。劳动精神是马克思主义劳动观中国化的时代性表达，是劳动者在劳动实践中形成的劳动认知、价值理念和实践智慧的凝练和总结，是推动社会进步的精神动力。劳动精神既是对劳动的本质概括，又是建立在劳动基础上的精神信仰，蕴含着丰富的内涵要求。劳动精神是劳动的精神产物，是提升新时代劳动素养应基于的新时代背景，是对广大劳动者伟大实践的高度凝练和科学总结，是对马克思主义劳动观的丰富、创新和再发展。

　　习近平总书记在全国教育大会上强调："要在学生中弘扬劳动精神，教育引导学生崇尚劳动、尊重劳动，懂得劳动最光荣、劳动最崇高、劳动最伟大、劳动最美丽的道理，长大后能够辛勤劳动、诚实劳动、创造性劳动。"这是培育大学生劳动精神的基本遵循，为新形势下高校高扬劳动精神旗帜、塑造符合经济建设和社会发展需要的人才提供了指导方针。

　　当代中国正处于实现中国梦的关键历史时期，实现国家繁荣、民族复兴、社会发展、人民幸福的责任，历史地落在新时代青少年的肩上。少年智则国智，少年强则国强。青年作为时代新人，要承担起这些重大历史责任，就必须深刻认识劳动教育的重要性，树立劳动最光荣、劳动最崇高、劳动最伟大、劳动最美丽的价值观念，培养勤俭、奋斗、创新、奉献的新时代劳动精神。

一、勤俭是具有鲜明中华民族传统美德特征的劳动精神

《说文解字》释："勤，劳也。"这说明"勤"与"劳"的意思是相通的，甚至可以说，"勤"的主体意义就是"劳"。中华文明是世界上最古老、最悠久的文明，中华民族作为中华文明的载体，之所以能够生生不息、历久弥新，就是因为其具有勤劳节俭、艰苦奋斗的品质。"一勤天下无难事。"有人曾问齐白石什么是画画的秘诀，他笑答："要每日作画，不叫一日闲过！"他曾在一首诗中如此描写自己的艺术劳动："铁栅三间屋，笔如农器忙；砚田牛未歇，落日照东厢。"肯花气力、肯下苦功、肯去钻研，方换来"功夫深处见天然"的精湛画艺。无论是体力劳动还是脑力劳动，是简单劳动还是复杂劳动，道理都是相通的。一切劳动者，只有肯学肯干肯钻研，练就一身真本领，掌握一手好技术，才能立足岗位成长成才，在劳动中发现广阔的天地，在劳动中体现价值、展现风采、创造生活。

《说文解字》释："俭，约也。"段玉裁注："约者，缠束也。俭者，不敢放侈之意。"可见，俭即俭约、不奢侈放纵的意思。《尚书》中把"克勤于邦，克俭于家"联系起来阐述，说明古人很早就意识到勤劳与俭约之间具有一种天然联系。勤劳之人大多生活俭约。只有亲身经历过体力劳动、切身体会过烈日炎炎下"面朝黄土背朝天"艰难的人，才会珍惜来之不易的劳动成果。这样的人在读到"锄禾日当午，汗滴禾下土。谁知盘中餐，粒粒皆辛苦"的诗句时会产生深刻共鸣，自然就会崇尚俭朴、有节制的生活方式。这就是"习劳知感恩"。

劳动精神的首要核心就是勤俭，这既是中华民族的传统美德，亦是新中国建设与发展的基本方针和科学指南。在新时代建设社会主义，一方面需要人们辛勤劳动，创造更多的社会财富；另一方面，也需要人们合理、节俭地使用财富，避免社会财富的挥霍、浪费。俗话说"成由节俭败由奢"，这对于当前我们实现中华民族伟大复兴中国梦具有十分重大的借鉴意义。

《政要论》中说："历观有国有家，其得之也，莫不阶于俭约；其失之也，莫不由于奢侈。"勤俭兴邦的道理，并未随时代变化而过时。欲知大道，必先知史。回望中国共产党革命、建设的历程，一部党史就是一部奋斗史。我们党之所以能够由弱到强、一次次取得胜利，其中一个重要原因，就是始终把勤俭节约、艰苦奋斗当作传家宝和政治本色，始终牢记治国如理家，要让老百姓过上好日子，党员干部就要带头过紧日子，带头弘扬

勤俭节约、艰苦奋斗的优良作风。新时代的学校教育，也必须重视培养学生勤俭这一中华民族传统美德，不论国家发展到什么水平，不论人民生活改善到什么地步，勤俭节约、艰苦奋斗的传家宝永远都不能丢。

二、奋斗是具有鲜明新时代特征的劳动精神

"劳动最核心的底蕴，是实干、奋斗。"艰苦奋斗是我们党和人民取得一个又一个胜利的关键，我们从站起来、到富起来、再到强起来，是无数革命先辈和建设者经过不断奋斗才实现的。新时代依然是需要我们继续艰苦奋斗的时代。

回首历史，从"走在时间前面的人"王崇伦到"当代雷锋"郭明义，从"铁路小巨人"巨晓林到"金牌焊工"高凤林……一代又一代热爱劳动、勤于劳动、善于劳动的高素质劳动者，立足岗位、脚踏实地，干一行爱一行、钻一行精一行，用对事业的"痴"、对岗位的"爱"、对工作的"狂"，垒筑起共和国的巍峨大厦，标注了建设者们的奋斗底色。先进模范们用拼搏奋斗实现人生梦想，以爱岗敬业弘扬劳动精神。

近年来，在大学生群体中享乐主义、拜金主义思想有所滋长，盲目消费、讲排场、争面子、挥霍浪费的现象屡见不鲜；个别大学生企图通过走捷径、托关系实现个人目标的思想依然存在。这些都严重地影响了社会风气并阻碍了大学生成长成才。劳动精神的底蕴在于不断奋斗、艰苦奋斗。对于个人而言，奋斗就是要打破现状勇攀高峰，与自己作斗争，不断挑战自己，突破自己，战胜自己，实现自己的成长成才；对于国家而言，奋斗就是要大学生主动投身到祖国的社会主义事业中，与其他国家和人才相竞争，实现在相关领域的领先和突破，全面提升我国的综合实力，保持国际竞争力优势。

三百六十行，行行出状元。如今，职业版图在不断拓展，人们的职业选择日益多元。大家的职业或许不同、岗位或许有别，但自己的双手、智慧和汗水，始终是创造美好生活最坚实、最可靠的依托。微博知名美食视频博主、微博签约自媒体人李子柒，通过自己的努力，活出了自己的精彩；同时也通过自己的努力，让自己的人生变得更加有意义。她已经获得了千万粉丝的关注，成为了美食界的大咖级人物。也正是因为李子柒的努力，很多人才感受到了传统美食文化的魅力。她虽然一直生活在山林之中，但是却能够通过自己的美食才艺，让更多的人见识到古典美食的精髓，也见识到山林文化的美好，她每天都在为自己的梦想而努力奋斗着。她的成就给很多年轻人树立了一个典范，激励年轻人努力前进。

历史和现实充分证明，只要有坚定的理想信念、不懈的奋斗精神，脚踏实地做好每一件小事的决心，一切平凡的人都可以赢得不平凡的人生，一切平凡的工作都可以创造不平凡的成就。"人民创造历史，劳动开创未来。"2021年7月1日，习近平总书记在庆祝中国共产党成立100周年大会上的重要讲话中，代表党和人民庄严宣告："经过全

党全国各族人民持续奋斗，我们实现了第一个百年奋斗目标，在中华大地上全面建成了小康社会，历史性地解决了绝对贫困问题，正在意气风发向着全面建成社会主义现代化强国的第二个百年奋斗目标迈进。"新时代为每个人提供了无比广阔的人生舞台，呼唤人们通过奋斗创造更加幸福美好的生活。

■ 三、创新是具有强烈新时代需求的劳动精神

劳动精神的核心和关键在于创新。习近平总书记指出："创新是一个民族进步的灵魂，是一个国家兴旺发达的不竭动力，也是中华民族最深沉的民族禀赋。在激烈的国际竞争中，惟创新者进，惟创新者强，惟创新者胜。"创新作为劳动过程的高级阶段，对国家和民族具有十分重要的影响。特别是当前我国正处于创新驱动发展的关键时期，实现经济高质量发展、抢占全球科技革命和产业革命的制高点都离不开创新劳动。这就要求广大大学生除了辛勤劳动、诚实劳动、艰苦奋斗外，还要积极创新、自觉创新，敢于打破传统，敢为人先，积极投身到创新劳动的实践中去，用创新思维和吃苦耐劳的毅力，铸就创新劳动精神。

在新时代的历史坐标上，社会及科技的发展日新月异，智能化、电子化、机械化、高科技化成为时代的鲜明特征；与此相应，劳动形态也发生了巨大变化。新时代的青少年需要适应新时代劳动教育的特点，正确理解劳动教育的新意蕴，在不同形态的劳动中培养创新精神，实现创造性劳动及劳动成果的创造性转化，通过创新科技、创新方法、创新思路等实现高效、节能、环保、利民等价值目标，通过创新劳动创造财富、创造辉煌，跟上并且引领新时代飞速前进的步伐，从而实现自我价值。

■ 四、奉献是具有鲜明社会主义特征的劳动精神

社会主义劳动精神的本质在于奉献。奉献是社会主义劳动的本质要求。

共产主义信仰和中国特色社会主义信念，是新时代中国特色社会主义建设者和接班人在劳动中培养奉献精神的理想支撑。马克思在中学毕业论文中写道："如果我们选择了最能为人类而工作的职业，那么，重担就不能把我们压倒，因为这是为大家作出的牺牲；那时我们所享受的就不是可怜的、有限的、自私的乐趣，我们的幸福将属于千百万人，我们的事业将悄然无声地存在下去，但是它会永远发挥作用，而面对我们的骨灰，高尚的人们将洒下热泪。"

习近平总书记当年在陕北贫瘠的黄土地上，就开始深入思考人生问题："15岁来到黄土地时，我迷惘、彷徨；22岁离开黄土地时，我已经有着坚定的人生目标，充满自信。作为一个人民公仆，陕北高原是我的根，因为这里培养出了我不变的信念：要为人

民做实事!"正是这种为祖国、为人民奉献自己的信念,使他提出:"我们共产党人讲奉献,就要有一颗为党为人民矢志奋斗的心,有了这颗心,就会'痛并快乐着',再怎么艰苦也是美的、再怎么付出也是甜的,就不会患得患失。"他还强调:"人民对美好生活的向往,就是我们的奋斗目标。人世间的一切幸福都需要靠辛勤的劳动来创造。"并且发出了"我将无我,不负人民。我愿意做到一个'无我'的状态,为中国的发展奉献自己"的铮铮誓言。

革命导师和国家领袖的亲身经历表明,一切为人民谋幸福、为民族谋复兴、为世界谋大同的劳动都是崇高而伟大、幸福而快乐的。在中国特色社会主义新时代,大学生应发扬奉献精神,树立正确的价值观,积极参与志愿劳动、义务劳动等,坚持把人民的利益放在首位,辛勤劳动,无私奉献,把自己的个人追求融入到社会主义建设的伟大事业中,树立远大理想,坚定为人民服务的决心。这样不仅可以避免大学生在劳动中形成唯利是图、斤斤计较的功利取向,还能够成就大学生高尚的道德品格,提升精神境界。

"勤俭、奋斗、创新、奉献"是具有鲜明中华传统文化特征、新时代特征和社会主义特征的劳动精神,对于树立时代新人正确的劳动价值观,培养时代新人崇高的劳动品质,塑造时代新人健全的人格等都具有重要意义。重视新时代劳动精神的培育是培养时代新人的必然要求,是承传良好家风的前提条件,是贯彻实干兴邦的具体表现,更是发展中国特色社会主义的重要保证。因此,全社会都应该广泛开展劳动教育实践活动,重视劳动精神的塑造和培养,使之贯穿于家庭教育、学校教育、社会教育的全过程。

第二节　新时代劳动精神的内涵

学习导入

冲破渐冻，与病抗争——张定宇

张定宇，男，汉族，1963年12月出生，河南省驻马店市确山县人，1986年7月参加工作，中共党员，博士研究生学历，医学博士学位，"人民英雄"国家荣誉称号获得者，被授予第八届"全国敬业奉献模范"。

2019年12月29日，随着首批不明原因肺炎患者转入金银潭医院，武汉市金银潭医院院长、党委副书记张定宇带领团队专家联手攻关疫情。他从病人各种信息的分析中，意识到武汉并没有表面上看起来那样平静，他当机立断组建隔离病区，采集病人支气管肺泡灌洗液送检，为实验室确认病毒赢得了时间。

接诊新冠疫情患者以来，张定宇隐瞒身患渐冻症的事实，坚持吃住在医院，全身心投入救治工作。他拖着"渐冻"之躯，坚守抗疫一线，带领医院职工救治了2800余名患者。

张定宇说："我是一个渐冻症患者，捐赠遗体有助于医学工作者开展渐冻症研究。"其实，张定宇确诊渐冻症之初，也曾恐惧过。如今，他淡定从容。"人一出生就是奔着死亡去的，我不过更早看到生命的尽头。生命的意义在于体验这个过程，踏实做事，才能看到沿路的风景……我既然不能改变这个事实，就要坦然面对，我不能延长时间和生命的长度，但是为什么我不可以让它变得更丰满一些？注入更多的事情呢？"

致敬张定宇，致敬医者仁心。

讨论交流

如何培育大学生的劳动精神？

_____

_____

_____

"幸福都是奋斗出来的。"在长期实践中，我们培育形成了崇尚劳动、热爱劳动、辛勤劳动、诚实劳动的劳动精神。党的十八大以来，习近平总书记关于劳动和劳动精神的重要讲话是正确理解劳动精神的根本遵循。从个人层面上，"要在全社会大力弘扬劳动精神，提倡通过诚实劳动来实现人生的梦想、改变自己的命运"；从集体层面上，"让全体人民进一步焕发劳动热情、释放创造潜能，通过劳动创造更加美好的生活"；从国家层面上，"劳动创造了中华民族，造就了中华民族的辉煌历史，也必将创造出中华民族的光明未来"。这些重要论述具有很强的思想性、指导性、针对性，必将鼓舞和激励我们担当新使命、奋进新时代。

有学者认为："对于劳动精神的科学内涵，可以从劳动和劳动者两个方面来理解。从劳动角度看，劳动精神是源头精神、诚实精神、创造精神、勤快精神和崇高精神；从劳动者角度看，劳动精神体现了尊重劳动、发展劳动、热爱劳动等方面的精神风貌。"

一、崇尚劳动

劳动是光荣和神圣的。崇尚劳动，是劳动者应具备的尊崇和提倡劳动的态度。"崇尚劳动——让劳动者更光荣"是2015年庆祝"五一"国际劳动节暨表彰全国劳动模范和先进工作者大会上，习近平总书记的讲话传递出的新信息。"无论时代条件如何变化，我们始终都要崇尚劳动、尊重劳动者，始终重视发挥工人阶级和广大劳动群众的主力军作用。这就是我们今天纪念'五一'国际劳动节的重大意义。""劳动是人类的本质活动，劳动光荣、创造伟大是对人类文明进步规律的重要诠释。"习近平铿锵有力地说，"全面建成小康社会，进而建成富强民主文明和谐的社会主义现代化国家，根本上靠劳动、靠劳动者创造。"

崇尚劳动就是要真正认识到劳动是人类社会存在和发展的基础，是创造世界、推动历史、促进人全面发展的重要手段。劳动是宪法所赋予公民的不可剥夺的权利和义务。我国宪法明确规定："公民有劳动的权利和义务。"公民通过行使劳动的权利和义务，在为社会发展进步提供产品和服务的同时提升、发展自我。

崇尚劳动还要求我们尊重劳动，尊重劳动者。凡劳动者，都在靠自己的本领"吃饭"，他们付出了或体力，或脑力，或脑力和体力的结合，这些都耗费了一定的精力，而且都对社会的发展进步起到了积极的推动作用。我国每一次重大任务的完成和重大斗争的胜利，无不凝聚着劳动者的心血与汗水。举世瞩目的红旗渠工程，是当年 30 万林州人民在极其险恶的环境下，通过 10 年苦战，在悬崖峭壁上，用双手一锤一铲开凿出来的。在抗击新冠肺炎疫情的斗争中，无数医务工作者、疫情防控人员用一往无前、舍生忘死的拼搏遏制了蔓延的疫情，挽救了成千上万人的生命。在这些劳动者中，有蜚声海外的专家，有攻坚克难的军人，还有任劳任怨的干部职工和社区工作者，是他们在人手紧缺、物资告急、人民需要的时候，用责任担当和辛勤劳动筑起了一道道守护生命的坚实屏障。正是每一个劳动者在各行各业的岗位上尽心尽责、辛勤劳动，才让整个社会物质充裕、运转有序、共享幸福。劳动者，在创造幸福的同时，也在带给他人以幸福。我们应常怀感恩之心，尊重我们身边的每一个劳动者，尊重每一份平凡普通的劳动。

劳动者通过劳动创造出满足人类社会进步发展的各种产品，这些劳动成果是神圣的。我们通过劳动，体会着成功和梦想的能量，获得着满足感、成就感和尊严感，劳动成为了人类最美好最崇高的存在。我们常说劳动创造美，那是因为劳动本身是美的。没有劳动，衣、食、住、行都将成为泡影。只有尊重劳动并崇尚劳动，我们才能通过劳动创造实实在在的价值。

二、热爱劳动

"人生两件宝，双手和大脑，一切靠劳动，生活才美好。"这是我国著名教育家陶行知对劳动的生动解释。劳动不仅是人类文明进步的源泉，还是打开幸福之门的钥匙。通过劳动，人类从森林走向陆地，从原始社会走向现代文明，从食不果腹走向"吃好穿美"。

幸福不是免费午餐，幸福不会从天而降。劳动的意义不仅在于帮助我们满足生存的物质需要，为我们实现幸福提供物质条件；更重要的是，劳动过程本身就是一种幸福体验，劳动能帮助我们完善内心、完成自我实现。

同时，我们也要认识到：对于劳动，如果乐而为之，心中的直接体验是愉快的；如果是强迫自己干的，直接体验就是不愉快的。什么样的劳动能产生积极愉快的体验呢？"知者乐水，仁者乐山"，我们需要结合自己的情感和需要去探索、去发现，找到让我们有愉快体验的劳动，热爱并且坚持下去。

热爱劳动，不仅仅是对劳动成果的美好向往，更体现在遇到阻力、挫折时对劳动的坚持。劳动精神，是甘愿为社会的进步发展奉献一切、兢兢业业劳动的崇高精神。"知之者不如好之者，好之者不如乐之者。"对待劳动，我们更应该保持积极的态度和足够的热情。通过劳动，劳动者不仅可以体会劳动成果的珍贵，更能感受到身心的愉悦和幸福。中华民族是艰苦奋斗、热爱劳动的民族，中华民族的灿烂文化是广大劳动者通过辛勤劳动获得的，中国梦的实现和美好未来的开拓更应该是中华儿女用足够的劳动热情迎接的。作为中华儿女，我们应该热爱劳动，勇敢面对劳动过程中的艰难险阻，为民族振兴、国家富强和人民幸福而奋斗。

三、辛勤劳动

辛勤劳动是劳动精神实践层面的重要组成部分。辛勤劳动是诚实劳动的基本前提。新时代，辛勤劳动有勤学和勤劳两方面的内容。

勤学，强调的是锐意进取、勤勉为人。一名劳动者要想有所作为，就应当树立终身学习的理念，立足岗位，向师父、向同事、向书本、向实践学文化、学科学、学技能等各方面知识，增强自身综合素质，不断更新自我，积极应变、主动求变、与时俱进。勤劳，强调的是脚踏实地、奋发干事。回溯历史，社会的任何一点进步、任何一次成功都是由人民的艰苦奋斗、辛勤劳动创造出来的。越是美好的未来，越需要我们不畏艰辛、不辞辛苦。新时代面对各种新挑战，我们需要苦干笃行、愈挫愈奋。

《左传》中写道："民生在勤，勤则不匮。"意思就是，百姓生活的根基在于辛勤劳作，只要辛勤劳作就不会缺少物资。《古文观止》中的《敬姜论劳逸》中也记录一句名言："劳则思，思则善心生。"由此可知，勤劳是中华民族的优良传统，通过辛勤的劳动，中华民族屹立于世界民族之林。现如今，我们也依靠勤劳，开创了中国快速发展的新篇章。"一勤天下无难事"，我们不仅要从认知层面肯定辛勤劳动，更要在实际生活工作中，反对一夜暴富和不劳而获等错误思想，用踏实态度和聪明才智更好地践行辛勤劳动。

四、诚实劳动

诚实劳动是指劳动者以积极、实干、诚信的态度为他人和社会提供产品、服务。诚实劳动要求我们合法合理劳动，要求我们在不违背法律法规的前提下从事道德的劳作。诚实劳动是辛勤劳动的延伸和表现，是劳动精神的重要组成部分，是劳动价值的基本追求。诚实劳动不仅是每一位劳动者应该遵循的准则，更是每一位劳动者应传承并发扬光大的中华美德。以诚为先、以诚为重、以诚为美，这才是劳动的应有之义。

要做到诚实劳动，我们需要从以下方面入手：一方面，我们应对所从事劳动的必备知识、技能、技巧有正确认识，对自我劳动素质作出理性判断及合理的自我定位；另一方面，我们应立足岗位踏实劳动，求真学问，练真本领；同时，我们应实事求是地对待劳动成果，摒弃虚假之风，反对一切不劳而获和投机取巧的思想，积极弘扬劳动精神、劳模精神和诚信文化，依靠诚实劳动实现人生梦想。于个人而言，唯有诚实劳动，才能最好地保障和实现人的自由本质，创造体面劳动和全面发展的"资本"；于国家而言，诚实劳动是提升国力的基石和坚守国格的精神基因。

2013年4月，习近平总书记强调指出："人世间的美好梦想，只有通过诚实劳动才能实现；发展中的各种难题，只有通过诚实劳动才能破解；生命里的一切辉煌，只有通过诚实劳动才能铸就。"习近平总书记用优美且真切的语言赞美了诚实劳动。时隔两年，习近平总书记在2015年庆祝"五一"国际劳动节暨表彰全国劳动模范和先进工作者大会上的讲话再次强调"诚实劳动"，由此表明了诚实劳动的重要性，它不仅关乎劳动价值和道德底线，更涉及人民的生命和生活。不讲诚信的劳动不仅与我们优秀的传统文化相违背，与社会主义核心价值观相背离，更是危害社会行为甚至违法犯罪的行为。

第三节 提升新时代劳动素养

学习导入

向"中国速度"背后的英雄们致敬

九天九夜的神速！2020年2月2日武汉火神山医院已交付使用。火神山医院的"火速"上马、"神速"完工，体现了中国速度，诠释了中国力量。

在"火神山速度"背后，除了呕心沥血的设计者、夜以继日的建设者，还有千千万万来自祖国四面八方的驰援者。他们或提供CT设备，或提供通风系统，或提供专业净化空调，或提供净水设备……他们在5000万"云监工"的视野之外，充当着"幕后英雄"，与现场建设者一道创造着"火神山速度"。

火神山医院建设奇迹的背后，是包括中建三局在内的所有工作人员的辛苦付出，每个人都在以透支的状态推进工程建设。

有战必应，火神山上奋勇向前的95后

大年三十晚上九点，正在跟家人吃年夜饭的中建三局二公司员工郭童在工作群里看到了公司参建火神山医院的号召，看到消息他第一时间在工作群里报上了自己的名字。

"报名的时候我没有任何担心，可能是我比较年轻，我当时就想着一线建设需要人，我就直接报名了。"在接受财经网记者采访时，郭童回忆起当时报名的内心想法。

出生于1997年的郭童，2020年刚满23岁。

同一时间，正在老家襄阳吃团圆饭的尚晓风也看到了这一消息，但因为没有找到报名的途径，又不能贸然前往项目现场打乱建设节奏，尚晓风有些焦急。

在获得公司批准后，尚晓风连夜从老家襄阳驱车赶往武汉，在经过5个多小时的长途跋涉后终于到达现场。

"当时火神山医院建设的项目非常紧急，但我又不能贸然前往。所以我大年初一就开始跟公司沟通如何去现场支援，后来我得知火神山医院项目严重缺人，我就立刻报名前往了项目现场。"尚晓风对财经网表示，"我在武汉待了7年多了，武汉是我第2个故乡，我对武汉是很有感情的，前往火神山现场支援同样也是我的责任。"

作为95后，郭童和尚晓风的背后都有来自家人的支持。

"我妈妈说只要你想做，你就去做，我是支持你的。"在谈及家人的支持时，尚晓风

说，"当时决定报名的时候，我也给我爸爸打了个电话，他很支持我，也希望我去出一份力。"

郭童也表示："当时做出前往一线支援决定的时候，家人也是很支持我的。"

每天近 20 小时的连续工作，仍坚守前线一刻不离

在火神山医院交付前的一个小时，已经在工地现场连续工作近 30 个小时的郭童突然头晕目眩，主管领导发现了他疲惫过度的异样，立刻命令他赶紧休息。

"忙的时候扒两口饭就赶紧去对接工作了，有时候忙起来连饭都来不及吃。"郭童对财经网记者描述了火神山医院建设期间的繁忙状态。

在火神山建设现场，工作人员经常饭还没吃完就又再次投入到紧张的工作中，这种情况已是常态。

"有一次我刚吃了两口饭，临时有一批工人需要安全检疫，我赶紧喝口水咽一下。平时因为工作的随时性，我们吃饭也都没有准点，很多时候都是直接吃凉的。"尚晓风回忆道，"每个人都全力投入工作，都想着赶紧把医院建设好交付使用，这样就能更快地帮助控制疫情。"

在火神山医院建设期间，尚晓风主要负责工地现场的防疫安全工作，每天及时给项目现场消毒，给工人量体温、发放口罩。

"因为我们工期很紧，工人数量多，人员流动性又很大，防疫工作的强度很大，每天早晨我 6 点就上班，一直工作到夜里 11 点。"尚晓风说，"所有人都很累，因为疫情防控需求紧迫，工作人员都是连轴转，在工作间隙休息时，随便躺在地上就能立刻睡过去。我每天看见这些都很感动，也很难受。"

作为一个 95 后，这是当时年仅 23 岁的郭童第一次碰到如此紧急的建设任务。在火神山医院建设期间，郭童主要负责部分建设工地给排水的技术对接与现场施工处理。

"由于项目建设时间要求短，具体的工作面铺得太开，每个点都得盯到，所以我每天的工作状态就是不停地走，不停地帮工人解决问题、协调材料、上报计划。"

在火神山项目工地上多点对接的郭童要不停地来回走动，在微信运动里的步数每天都能到 3 万多步。

见证多个感人瞬间，火神山之后再次逆行

火神山医院按时交付使用后，郭童与尚晓风没有离开工作前线。

郭童在火神山医院建设工程结束后，瞒着母亲继续留在医院现场做后期维护，每天要穿着防护服进入隔离区多次，完成一系列维持医院正常运转的维修工作。

对于母亲的担心，他还撒了一个善意的谎言，说自己已经离开前线，让母亲不要担心。

"火神山医院的维护保障其实是更危险的工作，理应需要一些身体好的、年轻一些的人留下来，这样危险系数更小一些。"谈及继续留在前线的原因，郭童说道，"因为总

要有人留下来，像我这样的年轻人还是更合适一些。另外我对火神山医院的现场也更熟悉，也容易把危险降到最低。"

尚晓风则是转战到雷神山，继续支援一线建设工作。

郭童与尚晓风在建设火神山、雷神山的工程中，既是奉献者，也是见证者。火神山和雷神山工程体现的"中国速度"，离不开中国无数名普通劳动者的担当和奉献。

讨论交流

如何提升劳动素养，并将社会主义核心价值观融入到劳动教育之中？

劳动素养是指处于社会实践活动中的实践主体在掌握一定知识储备和劳动技能的基础上开展实践活动时，所展现的优良品质的集合，包括劳动意识、劳动精神、劳动能力以及知识储备和创新精神等。马克思主义认为，劳动创造了人类，创造了人类社会。劳动素养的高低不仅决定着个人的发展与进步，更决定了社会发展与进步的程度。

中国特色社会主义进入新时代，中华民族迎来了从站起来、富起来到强起来的伟大飞跃，正是中国人的勤劳与奋斗将不可能变成了可能，用几十年时间走完了发达国家几百年走过的工业化历程，使中国从一穷二白成为世界第二大经济体。

世间没有一种美好生活可以不经过辛勤劳动获得。不管经济怎样发展，社会怎样进步，观念怎样转变，劳动创造美好生活的实质不会变。进入新时代，我们应继续弘扬劳动精神，提升新时代劳动素养，为创造幸福生活而不懈奋斗。

走在新时代的新征程，大学生任重而道远。劳动素养既是大学生成长进步的基础素养，也是中国特色社会主义事业顺利深入推进的重要保证。

提升新时代大学生的劳动素养不仅是培养全面发展的时代新人的应有之义，也是新时代攻坚克难实现民族复兴伟业的时代诉求。高校应引导学生尊重劳动、崇尚劳动、热爱劳动、辛勤劳动、诚实劳动和创造性劳动，培养具有社会责任感、创新精神和实践能力的德智体美劳全面发展的社会主义建设者和接班人。

一、注重思想引领，坚持马克思主义劳动观

劳动观是马克思认识世界和改造世界的逻辑起点。习近平总书记立足时代发展新方位，回应人才培养新使命，阐述了一系列有关劳动的重要观点，这是马克思主义劳动观在中国特色社会主义新时代实践运用的创造性智慧结晶。

（一）学校要树立全面发展的教育理念

人的全面发展学说是马克思主义劳动观的重要观点，马克思指出教育与生产劳动相结合是培养人的全面发展的唯一途径。习近平总书记提出要培养德智体美劳全面发展的社会主义建设者和接班人，彰显了新时代"五育并举"、全面发展的教育理念。构建德智体美劳全面发展的教育体系，既是对人才的素养要求，也是社会教育的目标导向。为此，高校应从办学理念、课程设置、教学实践等方面进行规划以满足大学生全面发展的需求，确保在整个学校教育体系中提高劳动精神培育的重要性。

（二）学校要树立创造性理念

习近平总书记曾强调，要"让劳动光荣、创造伟大成为铿锵的时代强音"。当前，在诸多领域和岗位，智慧劳动、创造性劳动成为新时代劳动的新风尚。大学生作为知识型和创新型人才，相比于简单和机械的体力劳动，他们显然对创造性劳动更感兴趣。所以学校在培育大学生新时代劳动精神时，可与创新创业教育相结合，围绕学生的兴趣和爱好开展研究性学习和创新性实践，引导学生自主探索，突破常规思维，敢于推陈出新，勇于开创局面，积极参加创新创业实践、创新创业竞赛，激发大学生创造力，培养学生创造性劳动精神。

（三）学校要树立主体性理念

学校教师应该从教书育人的大局出发，要重视劳动教育，通过课堂教学、实践教学、调查研究等方式，让大学生深刻理解劳动的价值和劳动者的伟大，明确自己作为劳动者的个人和社会价值，了解劳动和祖国建设的关系、劳动和人民的关系，使大学生真正树立劳动最光荣、最崇高、最伟大、最美丽的观念。在劳动精神培育中学校要尊重大学生的主体地位，充分激发大学生的劳动热情、劳动潜能和劳动动力。马克思认为，"我的劳动是自由的生命表现，因此是生活的乐趣""我在劳动中肯定了我自己的个人生

命，从而也肯定了我的个性的特点"。由此可见，自主劳动是幸福感的源泉，只有在自觉自愿自主劳动的过程中，大学生才能体会到劳动的乐趣和社会价值。当代大学生个性鲜明，他们关注劳动所带来的幸福感和获得感，所以培育新时代大学生劳动精神，应以学生为中心，充分发挥他们的主体性，从而激发大学生积极投身劳动的强大内驱力。

二、加大舆论宣传，营造崇尚劳动的校园文化氛围

良好的校园文化氛围是大学生正确劳动观念和健康劳动行为得以培育的肥沃土壤。

（一）加强正面舆论宣传，形成浓厚的崇尚劳动的校园文化氛围

中华优秀传统文化中蕴含着丰富的劳动精神，如"勤劳勇敢、奋发进取""攻坚克难、勇于创新""一屋不扫，何以扫天下""谁知盘中餐，粒粒皆辛苦""天行健，君子以自强不息""纸上得来终觉浅，绝知此事要躬行"等都是劳动精神培育的重要元素，强调人们自强奋斗、敢于创新、知行合一。高校可通过标语、校园频道、网络等宣传媒介，用崇尚劳动的校园文化潜移默化地影响学生的人格，以此培养学生高尚的劳动情怀。同时，高校可将劳动精神培育融入食堂，倡导"节约粮食、浪费可耻"；融入宿舍，强调"卫生整洁、热爱劳动"；融入学习，要求"刻苦钻研、诚实为人"，以此来营造崇尚劳动、尊重知识、爱惜劳动成果的良好校园氛围。

（二）创新劳模故事宣传体系，号召榜样人物进校园

全国交通系统劳动模范杨怀远在 38 年中始终以雷锋为榜样，甘当人民的"挑夫"，自备 120 多种方便旅客的用具，肩挑小扁担，穿梭于旅客之中，为旅客排忧解难，被旅客誉为"老人的拐杖""孩子的保姆""病人的护士"，受到几代党和国家领导人的亲切接见。学校要通过思政课课堂、主题报告等形式大力宣传此类劳动模范和大国工匠的先进事迹。这些民族精英和时代楷模的精神展现了广大人民群众的品格风范，他们的崇高思想和模范行为能感染和鼓舞大学生不断进取。学校要把社会能人、工匠艺人、非遗传承人等引入校园，通过榜样示范和模范感召，用他们的事迹和精神鼓励大学生争做劳动模范，从而更好地传承和弘扬劳动精神。

此外学校要注重朋辈榜样的示范效应，朋辈的年龄结构相仿、生活经历相似、性格特点相近，因此朋辈的影响最直接、行为最易模仿、示范目标最易实现。学校还可以开展优秀学生评选、先进团体表彰等，通过优秀校友事迹宣传、经验分享交流、毕业生榜样人物采访等，及时总结来自大学生自身的生动鲜活的劳动先进事迹，使大学生身边有典型、学习有榜样、奋斗有目标。

（三）加强对负面舆论的监督，消除杂音噪音

当前，社会上一些不良现象和思想令人担忧：一些人并没有真正地树立起劳动光荣的观念，对劳动者有轻视和歧视的现象；社会中的劳动者也没有从劳动中感受和体验到人与人之间完全平等的关系，更没有真正地享受到劳动所带来的快乐。受这些不良社会风气的影响，一些大学生不仅身体上有"懒惰病"，思想上还存在着轻视体力劳动，把劳动当惩罚，认为劳动无能、低下的现象；甚至个别来自农村的大学生，看不起养育自己的劳动人民，觉得做普通劳动者的儿女脸上无光。因此，学校应该加强对学生劳动教育的正向引导，对网络上出现的崇尚一夜暴富、投机取巧、不劳而获的错误舆论导向，应坚决给予批判；同时，要结合大学生思维活跃的特点，通过主题演讲、专题辩论的方式引导大学生正确认知劳动对自身成长的价值意义，激浊扬清，形成有利于弘扬劳动精神的正面舆论强势。

三、教育重塑——将劳动精神培育融入高校教育全过程

培育新时代大学生劳动精神是一项系统工程，需要高校、家庭和社会形成教育共同体。高校是培养时代新人的重要基地，要将劳动精神的培育融入高校教育的全过程。

（一）用科学的课程体系设计推进高校劳动精神培育

在课程体系设置方面，高校应专设劳动教育相关课程，在教学形式上可采用第一课堂与第二课堂相结合、理论知识与实践操作相结合的方法。低年级以劳动态度培养为主要目标，以生活劳动、生产劳动、公益劳动、社会实践活动为主要内容，在实际劳动技能体验中传播劳动观、劳动态度和劳动价值。中年级以劳动品质培养为主要目标，以劳动精神、工匠精神涵育为主要内容，将理论解读与价值论证相结合、劳动教育与专业发展相结合。高年级以劳动情怀培养为主要目标，以创造性劳动意识培养和能力锻炼为主。在课程内容设置方面，高校应立足国情，以劳动为枢纽讲清马克思主义原理，讲清劳动在中国特色社会主义理论体系中的作用，讲清劳动精神所蕴含的技术观、质量观、职业观、道德观，将奋斗精神与工匠精神相结合，将劳动态度与劳动情怀相结合。

（二）深化劳动精神培育和其他课程的融合

高校应将劳动精神培育与思想政治理论课融合，强化劳动纪律、劳动法、职业道德等内容的教育；将劳动精神培育与专业课融合，强化专业劳动知识与技能的训练；将劳动精神培育与创新创业教育融合，引导大学生增强创新意识，提高创业技能。这种方式

能够促使学生在课程融合教育中培育劳动情怀，提升劳动技能，学会辛勤劳动、诚实劳动和创造性劳动。此外，高校还应在顶岗实习和创新创业等方面体现劳动素养的培育内容，促进青年学生在追求个人目标的同时推动社会发展和进步。通过这种方式，青年学生能够在提升个人价值、繁荣校园文化、引领社会风尚的同时，客观全面认识到提升劳动素养的重要性和必要性，加强自身的责任感和荣誉感。

（三）形成劳动精神培育的联动机制

为了构建以学校为主阵地，家庭、社会多方协同的劳动精神培育体系，各方应做到以下几点：一、家长要主动承担启蒙责任，指导孩子积极参加劳动锻炼，培养孩子热爱劳动的良好习惯。二、学校要自觉发挥主体作用，把学生劳动教育纳入教学计划，积极开展思想教育和实践养成，大力弘扬新时代劳动精神；要建立健全考核评价机制，把学生劳动教育效果作为综合考核的一项重要指标，坚持定量与定性相结合、集中与平时相统一、学校与单位相衔接的考核办法，实现劳动教育的良性循环。三、社会要全力配合学校教育，各企事业单位、机关团体等要把配合学校做好学生劳动教育作为自己的责任，主动为学生劳动锻炼提供资源、创造条件。

四、实践锻造——在实际生活中强化践行

实践是大学生将正确的劳动认知内化于心外化于行，做到知行合一的最有效的途径。中共教育部党组印发的《高校思想政治工作质量提升工程实施纲要》指出："坚持理论教育与实践养成相结合，整合各类实践资源，强化项目管理，丰富实践内容，创新实践形式，拓展实践平台，完善支持机制，教育引导学生在亲身参与中增强实践能力，树立家国情怀。"

（一）加强大学生日常劳动教育

学习劳动技能，体悟劳动是每个大学生的神圣职责和不可推卸的义务。从整理个人卫生起居到宿舍和学校公共卫生的承担，高校应在各个环节积极引导大学生在劳动实践中学、做、悟。

（二）组织大学生走出校门，参加社会实践

高校可拓展劳动实践基地，组织大学生进行专业见习、顶岗实习、公益活动、志愿服务等，引导学生到校外参加劳动，从而让大学生在劳动中掌握劳动本领，增强劳动责任感，养成吃苦耐劳的好品质，为毕业后投入工作岗位提前做好准备。

（三）积极顺应创新创业，改进劳动实践方式

随着生产力的快速发展和科学技术的不断创新，劳动的内容和形式发生了很大改变，创造性和创新性成为大学生劳动的突出特点。这就要求高校与时俱进，改进劳动实践的方式，以创新驱动动能转换为契机，紧密融合新产业和新技术，创新劳动教育实践形式。比如高校要引导学生科学利用网络平台，运用云计算、物联网、大数据、人工智能等，以社会需求为导向，发挥自己的专业学识来开展创新性和创造性劳动。

第三章 劳模精神

在建设新时代中国特色社会主义的道路上，我们每个人都是建设者，都将投身到这个伟大的时代洪流中去奋斗、去进取，在不同的领域和岗位发挥自己的才智和力量，每个人都是这支劳动大军的一员。要完成这个伟大的建设任务，我们就应具备爱劳动、能劳动和会劳动的基本素质。其中，爱劳动作为第一要领，提示我们在肩负使命奋力建设之初，必须要保持劳动的初心，具备奉献的精神，富有劳动的情怀。这种初心、精神和情怀就是我们应具备的劳模精神。

劳模精神不同于劳动精神和工匠精神，它主要表现在人对于劳动的感情中，而非强调劳动的能力和技巧。劳模精神是一种人的主观能动反映，是一种心理层面的动机和理想信念的体现。

第一节 劳动模范的概念

▶▶ 学习导入

点亮山里女孩的梦想——张桂梅

2002 年，在云南儿童之家工作的张桂梅看到了很多农村贫困家庭的不幸，她希望创办一所免费女子高中，彻底解决山区贫困问题。她四处奔波筹集资金，努力了五年也才筹集到 1 万元。经多方努力，2008 年，华坪女子高级中学成立，这是全国唯一一所免费女高，专门供贫困家庭的女孩读书。至 2020 年，已有 1804 名大山里的女孩从这里走进大学完成学业，在各行各业做贡献。

💡 讨论交流

张桂梅老师的故事家喻户晓，请谈一谈你在她的身上都看到了什么品质？

_____

_____

_____

_____

_____

_____

_____

■ 一、劳动模范的内涵

每一个时代都会有那么一种人，他们身份普通、岗位平凡，但他们却爱岗敬业、甘于奉献，他们在艰苦的环境中努力奋斗，在平凡的岗位上做出了不平凡的工作业绩，他们就是劳模。劳模，是劳动模范的简称。

劳动模范是工人阶级的优秀代表，是国家的栋梁、社会的精英、人民的楷模。随着时代的发展，劳模被赋予了越来越多的时代内涵和元素，但无论是生产者还是创业者，无论是比表现还是比贡献，无论是讲精神作用还是讲经济效益，劳模的核心价值都是始终不变的，那就是强烈的主人翁意识和艰苦创业的精神、忘我的劳动热情和无私奉献的精神、良好的职业道德和爱岗敬业的精神。

劳模之所以称为劳模，是因为他们能够真正把自己的人生价值在日常生活及工作中充分实现，能够通过自己的所作所为帮助他人、影响他人、感动他人。

■ 二、学习劳动模范的意义

劳模是一面鲜明的具有指导性的旗帜，学习劳模先进事迹，大力弘扬劳模精神，对于培养和塑造人们的集体荣誉感与使命感，增强组织的向心力与凝聚力，激发人们的热情与活力，都有着十分重要的作用和意义。

劳动模范是社会健康发展的标志，是推动社会进步的重要力量。有了这些模范人物，人们就会"见贤思齐"。社会的发展，国家的进步，需要靠各行各业模范人物的引领和带动，模范人物越多，说明社会向上的动力越足。事实上，改革开放40多年的辉煌成就创造史，就是一部伟大的劳动史。只有向劳模看齐，靠辛勤而诚实的劳动，我们才能创造更多财富，国家才能繁荣昌盛，人民才能安居乐业。

劳模精神孕育出的劳模人物，是我国在各个历史时期取得重大成就的基石，也是新时代建设社会主义现代化强国的中流砥柱。学习这些劳动模范的先进事迹，有利于帮助大学生树立正确的劳动价值观，涵养深厚的劳动情怀，成为德智体美劳全面发展的中国特色社会主义合格建设者和可靠接班人。

■ 三、劳动模范的评选

在社会主义建设事业中成绩卓著的劳动者，经过职工民主评选、有关部门审核和政府审批后，被授予劳动模范的荣誉称号。劳动模范分为全国劳动模范与省、部委级劳动模范，有些市、县和大企业也评选劳动模范。中共中央、国务院授予的劳动模范为"全国劳动模范"，是中国劳动者最高的荣誉称号。与此同级的还有"全国先进生产者""全国先进工作者"称号。

"全国劳动模范"是党中央、国务院授予在社会主义建设事业中做出重大贡献者的荣誉称号，享受国家级劳模待遇。全国劳模的评选表彰工作每5年一次，授予对象为企业职工、农民和其他社会主义建设者。图3-1为"全国劳动模范"奖章。

图3-1　"全国劳动模范"奖章

全国劳动模范由地方政府推荐。国务院于1989年4月颁布的《国务院关于召开全国劳模和先进工作者表彰大会的通知》中规定："全国劳动模范和先进工作者必须是热爱祖国、坚持四项基本原则，拥护改革开放方针并具备下列条件之一者：（一）在企业发展生产，深化改革，改善经营管理，提高经济效益、社会效益方面做出重大贡献的；（二）在发展农业生产和农村经济方面做出重大贡献的；（三）在科研、教育、文化、卫生、体育等事业中做出重大贡献的……（九）在其他方面做出重大贡献的。"这个评选标准基本延续到今天。而评选标准的第一条，很容易地把厂长、经理等企业负责人推上光荣榜。也正因为如此，1989年全国劳模大会筹委会硬性规定："在各地评选的人员比例中，一线工人不得少于32％。"劳模评选不是工会系统"独家包干"，而是由国家劳动和社会保障部等20余家部委协同成立"表彰筹备委员会"进行筹备。由于劳模的主体为职工，该委员会的办公室就设立在中华全国总工会，负责日常工作。因此，评选的范围是大大超过工会系统的。一般工人评劳模，领导评先进工作者。

"全国五一劳动奖章"和"全国五一劳动奖状"是中华全国总工会为表彰在技术创新、管理创新和体制创新中取得显著成绩，为经济建设和社会发展做出突出贡献的先进个人和集体而设立的，是中国工人阶级最高奖项之一。评选办法和劳模差不多，也是由中华全国总工会牵头。一般来说，全国劳模更少一点，一般评全国劳模时"全国五一劳动奖章"获得者优先。

▌▶ 拓展阅读

全国五一劳动奖

"全国五一劳动奖"包括"全国五一劳动奖状"和"全国五一劳动奖章",如图3-2和图3-3所示。

"全国五一劳动奖状"是中华全国总工会设立的授予先进集体的荣誉称号,授予对象为在我国境内依法注册或登记的非跨地区的企业、事业单位、机关、社会组织及其他组织。被授予"全国五一劳动奖状"的,由全国总工会颁发奖牌和证书。

图3-2 全国五一劳动奖状

"全国五一劳动奖章"是全国总工会为奖励在社会主义各项建设事业中做出突出贡献的职工而颁发的荣誉奖章。被授予"全国五一劳动奖章"的职工,由全国总工会颁发奖章、证书和奖金。

图3-3 全国五一劳动奖章

第二节 新时代劳模精神的内涵

学习导入

匠心于行的新时代港口工人——成卫东

1979 年出生的成卫东是天津港人。从技校学生到码头工人，从拖车司机到海河工匠，从"单打独斗"到成立劳模工作室，成卫东用 23 年的时间，在平凡岗位上不断推陈出新，屡次打破港口操作纪录，带领团队创造出了非凡的价值，用青春与汗水唱响了新时代港口码头工人的劳动之歌。

讨论交流

新时代对劳动模范有了更多的要求和定义，请思考新时代的劳动模范应该具备哪些品质？

_____

_____

_____

_____

_____

_____

_____

每年五一，"劳模"一词都会被社会反复提及。古有夸父逐日，追求光明，永不放弃，令人敬仰；今有支边青年，远离家园，扎根边疆，奉献青春。焦裕禄是党的劳模，王进喜是工人的劳模，雷锋是助人为乐的劳模。劳模精神，就是真抓实干精神。劳动模范以平凡的劳动创造了不平凡的业绩，铸就了"爱岗敬业、争创一流，艰苦奋斗、勇于创新，淡泊名利、甘于奉献"的劳模精神，起到了精英、楷模、先锋的带头作用。

随着时代的发展，劳模被赋予越来越多的时代内涵和元素。然而，劳模精神并不是高不可攀的，它就是劳动者普遍具有的优秀品质。人不一定皆能成为劳模，但人皆能践行劳模精神。无论是农民还是白领，无论是生产者还是创业者，无论是表现突出还是贡献巨大，无论是精神传承还是社会影响，劳模精神的核心都始终不变，但其榜样的先锋意义会随着时代变迁而不断丰富，激励着一代代劳动者尤其是青年奋进前行。

弘扬劳模精神，尊重劳动创造，这不是一句口号，也不应只在五一劳动节的时候才被提起和强调。它必须体现在每一天、落实在每一项工作中。我们要时时刻刻崇尚劳动、礼赞劳动者和劳动模范，让辛勤劳动、诚实劳动、创造性劳动成为每个人的自觉行动和终生追求。

一、劳模精神的内涵

"爱岗敬业、争创一流，艰苦奋斗、勇于创新，淡泊名利、甘于奉献"的二十四字劳模精神在任何时候都需要，都不过时，它是伟大时代精神的生动体现。

（一）爱岗敬业

爱岗敬业是劳模精神的基础。

爱岗就是热爱自己的工作岗位，热爱本职工作；敬业就是要用一种恭敬严肃的态度对待自己的工作。一份职业，一个工作岗位，是一个人赖以生存和发展的基础保障；同时，工作岗位的存在，往往也是人类社会存在和发展的需要。所以，爱岗敬业不仅对于个人有深远意义，对于社会也有重要价值。

爱岗敬业是平凡的奉献精神，因为它是每个人都可以做到的，而且应该具备的；爱岗敬业又是伟大的奉献精神，因为伟大出自平凡，没有平凡的爱岗敬业，就没有伟大的奉献。只有爱岗敬业的人，才会在自己的工作岗位上勤勤恳恳，不断地钻研学习，一丝不苟，精益求精，才有可能为社会为国家做出崇高而伟大的奉献。焦裕禄、孔繁森、郑培民等一大批党和人民的好干部都在本职工作岗位上呕心沥血，勤政为民；一大批医生、护士和科研人员在新冠疫情袭来时挺身而出，冒着生命危险，冲上第一线，拯救了一个个在死亡线上挣扎的同胞的生命，有人还为此献出了自己宝贵的生命。

▶▶ 拓展阅读

宁愿一人脏，换来万家净

时传祥出生在一个贫苦农民家庭。他14岁逃荒流落到北京城郊宣武门一家私人粪场，受生活所迫当了淘粪工。在旧中国，淘粪工不仅受到社会的歧视，还要受行业内部一些恶势力的压榨和盘剥。时传祥在这些粪霸手下一干就是20年，受尽了压迫与欺凌。中华人民共和国成立后，新中国给了他做人的尊严，工人阶级当家做主使他扬眉吐气，他对党充满感激。他用一颗朴实的心记住了一个通俗的道理：淘粪也是社会主义建设事业的一部分。他把淘粪当成十分光荣的劳动，以身作则，以苦为乐，不分分内分外，任劳任怨，怀着满腔热情，全心全意为人民服务。

中华人民共和国成立后，时传祥被工友选为崇文区"粪业工人工会"委员。1952年，他加入了北京市崇文区清洁队，继续从事城市清洁工作。此时，北京市人民政府为了体现对清洁工人劳动的尊重，不仅规定他们的工资高于别的行业，而且想办法减轻淘粪工人的劳动强度，把过去送粪的轱辘车全部换成汽车。运输工具改善之后，时传祥合理计算工时，挖掘潜力，把过去7个人一班的大班，改为5个人一班的小班。他带领全班由过去每人每班背50桶增加到80桶，他自己则每班背90桶，最多每班淘粪背粪达5吨。管区内居民享受到了清洁优美的环境，而他背粪的右肩却被磨出了一层厚厚的老茧。时传祥赢得了人们的普遍尊敬，也赢得了很多荣誉。他以主人翁的姿态，以"搞好环境卫生，美化人民首都"为己任，肩背粪桶，走家串户，利用公休日为居民、机关和学校义务清理粪便，整修厕所。1955年，他被评为"清洁工人先进生产者"；1956年当选为崇文区人民代表，同年11月加入中国共产党；1958年被邀请担任北京市政协委员；1959年被选为"全国劳动模范"。

1962年，北京环保局分配部分青年学生作淘粪工。时传祥时任崇文区清洁队青年班班长，为转变部分年轻人怕脏怕臭的思想，年近半百的时传祥，脏活累活抢在前面，对青年工人言传身教，以"工作无贵贱，行业无尊卑；宁愿一人脏，换来万家净"的职业道德观，教育青年一代安心本行业工作。

时传祥的可贵之处在于，他认识到为人民服务没有高低贵贱之分，都是光荣的，并发自内心地做好一些人认为低贱的工作。党和政府对清洁工人的关心，也是他干好工作的重要动力。在如今的现代化大都市中，淘粪是个已经消失了的行业，但只要存在着社会分工，行业之间就必然存在着差异，也仍然会存在着苦、累、脏的工作，这些工作同样要有人去从事。因此，时传祥"一人脏换来万家净"的精神对于今天来说，也仍然没有过时。

（二）争创一流

争创一流是劳模精神的精华。

争创一流即追求一流的技术水平，干出一流的工作业绩，达到一流的工作效率。争创一流还是一种要做就要做得比别人好、比别人强，敢于做标兵、做别人榜样的奋斗精神。一代代劳模在自己所钻研的领域内争创一流，正是这种工作态度使他们在众多劳动者中脱颖而出，获得了"劳模"称号。

▶ 拓展阅读

杂交水稻之父

袁隆平，这是一个属于中国，也属于世界的名字，他是中国杂交水稻事业的开创者和领导者，"共和国勋章"获得者。

袁隆平从 20 世纪 60 年代开始致力于杂交水稻的研究，经过 12 年的努力，成功培育出了"三系杂交稻"。1976 至 1987 年间，他培育的杂交水稻种植面积累计达到 11 亿亩，增产稻谷 1000 亿公斤。1979 年，杂交水稻作为我国第一个农业技术专利转让美国。而后，他又研制出一批比现有三系杂交水稻增产 5%～10% 的两系品种间杂交组合。杂交水稻每进入一个新阶段都是一次新突破，都将把水稻产量推向一个更高的水平。1995 年 8 月，袁隆平郑重宣布：我国历经 9 年的两系法杂交水稻研究已取得突破性进展，可以在生产上大面积推广。正如袁隆平在育种战略上所设想的，两系法杂交水稻确实表现出更好的增产效果，普遍比同期的三系杂交稻每公顷增产 750～1500 公斤，且米质有了较大的提高。1998 年 8 月，袁隆平又向新的制高点发起冲击，提出了选育超级杂交水稻的研究课题。在海南三亚农场基地，袁隆平率领着一支由全国十多个省、区成员单位参加的协作攻关大军，日夜奋战，攻克了超级杂交水稻难关。经过近 1 年的艰苦努力，超级杂交稻的小面积试种获得成功，亩产达到 800 公斤，并在西南大学等地引种成功。"十三五"期间，袁隆平带领团队先后在海水稻、低镉水稻和第三代杂交水稻应用等多方面取得突破。2018 年 1 月 8 日，袁隆平杂交水稻创新团队获得了 2017 年国家科技进步奖一等奖。2020 年，袁隆平已经年过九旬，即使早已超过退休年龄，他依然坚持到办公室"上班"。在中非农业合作发展研讨会上，袁隆平表示，自己正致力于研究超级杂交水稻，且非常愿意帮助其他发展中国家解决粮食短缺的问题。

袁隆平终生都致力于杂交水稻技术的研究、应用与推广，他为解决世界粮食短缺问题做出了卓越贡献。袁隆平生前曾获得我国政府授予的"全国先进科技工作者""全国劳动模范"和"全国先进工作者"等荣誉称号，联合国世界知识产权组织也授予他金质奖章和"杰出的发明家"荣誉称号，国际同行更称他为"杂交水稻之父"。

▌（三）艰苦奋斗

艰苦奋斗是劳模精神的本质。

艰苦奋斗是中华民族的传统，是一种不怕艰难困苦，奋发图强，艰苦创业，为国家和人民的利益乐于奉献的顽强的斗争精神。伟大的事业根源于坚韧不断的工作，以全副精神去从事，不避艰苦。

全国劳动模范徐虎，是上海房管所的一名普通水电工。他十几年如一日，坚持夜间开箱为人民服务，经常饿着肚子，放弃休息，不怕苦不怕累，为广大居民排忧解难，得到人民群众的一致赞扬。徐虎的这种精神，是一种艰苦奋斗的精神；是一种斗争精神，即不怕艰难困苦，英勇顽强去战胜困难；是一种创业精神，即在与艰难困苦作斗争中，奋发向上，锐意进取，辛勤工作；是一种献身精神，即为国家和人民利益乐于奉献、勇于献身。

艰苦奋斗精神在中国特色社会主义现代化建设的新时期，在各行各业的劳动者身上，必将继续发扬光大。

▶ 拓展阅读

最美奋斗者

王进喜，甘肃玉门人，新中国第一批石油钻探工人，全国著名劳动模范。1938年，15岁的王进喜进入玉门油矿当工人，中华人民共和国成立后历任玉门石油管理局钻井队队长、大庆油田1205钻井队队长、大庆油田钻井指挥部副指挥，1956年加入中国共产党。他率领1205钻井队艰苦创业，打出了大庆第一口油井，并创造了年进尺10万米的世界钻井纪录，展现了大庆石油工人的气概，为我国石油事业立下了汗马功劳，成为中国工业战线一面火红的旗帜。王进喜以"宁可少活二十年，拼命也要拿下大油田"的顽强意志和冲天干劲，被誉为油田铁人。1959年，王进喜在全国"群英会"上被授予"全国先进生产者"称号。

1960年春，我国石油战线传来喜讯——发现大庆油田，一场规模空前的石油大会战随即在大庆展开。王进喜从西北的玉门油田率领1205钻井队赶来，加入了这场石油大会战。一到大庆，呈现在王进喜面前的是许多难以想象的困难：没有公路，车辆不足，吃和住都成问题。但王进喜和他的同事下定决心：有天大的困难也要高速度、高水平地拿下大油田。钻机到了，吊车不够用，几十吨的设备怎么从车上卸下来？王进喜说："咱们一刻也不能等，就是人拉肩扛也要把钻机运到井场。有条件要上，没有条件创造条件也要上。"他们用滚杠加撬杠，靠双手和肩膀，奋战3天3夜，把38米高、22吨重的井架矗立在了荒原上。这就是会战史上著名的"人拉肩扛运钻机"。要开钻了，可水管还没有接通。王进喜振臂一呼，带领工人到附近破冰取水，硬是用脸盆、水桶，一盆盆、一桶桶地往井场端了50吨水。经过艰苦奋战，1205钻井队仅用5天零4小时就钻完了大庆油田的第一口生产井。在重重困难面前，王进喜带领全队苦干5天5夜，打出了大庆第一口喷油井。在随后的10个月里，王进喜率领的1205钻井队和1202钻井队，在极端困苦的情况下，克服重重困难，双双创造了年进尺10万米的奇迹。在那些日子里，王进喜身患重病也顾不上去医院，几百斤重的钻杆砸伤了他的腿，他挂着双拐继续指挥。一天，石油井突然出现井喷，当时没有压井用的重晶粉，王进喜当即决定用水泥代替。成袋的水泥倒入泥浆池却搅拌不开，王进喜就甩掉拐杖，奋不顾身跳进齐腰深的泥浆池，用身体搅拌，井喷终于被控制，可是王进喜累得站不起来了。房东大娘心疼地说："王队长你可真是铁人啊！""铁人"的名字就是这样传开的。王铁人为发展祖国的石油事业日夜操劳，终致身心交瘁，积劳成疾，于 1970 年患胃癌病逝，年仅 47 岁。

（四）勇于创新

勇于创新是劳模精神的核心。

创新精神是指能够综合运用已有的知识、信息、技能和方法，提出新方法、新观点的思维能力和进行发明创造、改革、革新的意志、信心、勇气和智慧。创新精神是一个国家和民族发展的不竭动力，也是一个现代人应该具备的素质。只有具备创新精神，我们才能在发展中不断开辟新的天地。

在改革发展的新时期，创新对于充分发挥劳模的示范带头作用，更好地保持和发展劳模的先进性，全方位地展示劳模的时代风采十分重要。

▶ 拓展阅读

在创新中弘扬劳模精神

单德森是国网安庆供电公司输电带电作业班班长，也是输电带电作业人员，更是"安徽省五一劳动奖章""全国五一劳动奖章"和"全国劳动模范"称号获得者。

他和他班组的 6 名成员负责整个安庆地区 35 千伏以上、2442 千米、8621 基杆塔的带电消缺作业。"带电消缺作业，就是在带电的情况下对高压线路进行缺陷消除。"单德森介绍，平均下来，他每年爬的铁塔高度就有 3 万多米，相当于 4 个珠穆朗玛峰。这项工作不但繁重，更是危险，"危险程度大概就是商业保险都不给我们投保。"单德森笑着说。他 19 岁毕业就到了国网安庆供电公司，相继在运行、检修岗位工作，2003 年单德森主动要求调到这个岗位。

单德森的父亲也是国网安庆供电公司的员工，且两次获得"安徽省劳动模范"称号。单德森和姐姐耳濡目染，都踏着父亲足迹进入电力行业，在各自的岗位上发光发热，姐姐也曾被评为"安徽省劳动模范"。

"在父亲的时代，劳模大部分是来自生产一线的工人、农民，他们兢兢业业、踏实勤奋。我们不仅要继承这种精神，还要注重知识创新，让自己成为知识型、创新型人才。"单德森不仅这样说，更是这样做的，以他名字命名的单德森劳模创新工作室在 2013 年成立。

单德森劳模创新工作室让 12 个志同道合的年轻人聚在一起，他们以创新壮大先锋作用。这 12 个人以全国劳模单德森为核心，由输电室技术骨干、专业技师及年轻大学生组成，包括高级技师及研究生 6 人、技师及本科生 6 人。通过导师带徒、传帮带等方式，工作室成为技能大师、工作骨干的孵化室。

日常带电作业中，绝缘子型号与检修工器具不配套的问题曾让单德森和工友们颇感苦恼。"一套卡具只能更换一套绝缘子，很不经济。能不能将固定的内槽换成活动的，让卡具能通用？"这个念头在单德森的脑海里不断生长。不是科班出身的他，白天上班，晚上回家找来各种书籍、资料"攻关"，与班组成员反复揣摩、画图纸、计算、收集各类绝缘子参数⋯⋯最终找到解决办法，研发出具有可操作性的"万能卡具"，在检修实践中起到了事半功倍的效果。

借用计算机与摄像机的强大功能，他们研发出输电线路故障辅助查询系统，解决了困扰多代线路人的难题，大大降低了作业中的风险系数⋯⋯工作室成立五年来，先后有12项创新项目获得国网安徽省电力公司群众性创新奖，15项科研成果获得国家专利。

单德森劳模创新工作室先后获得了"全国电力行业优秀质量管理小组"称号、"中国质量协会全国优秀质量管理小组"称号、国网安徽省电力公司群众性创新二等奖、国网安徽省电力公司QC成果二等奖、国网安徽省电力公司职工创新实践活动三等奖。2018年，单德森劳模创新工作室获得"全国工人先锋号"称号。

（五）淡泊名利

淡泊名利是劳模精神的灵魂。

诗人李白说："安能摧眉折腰事权贵，使我不得开心颜！"在李白笔下，所谓的淡泊名利，其实就是勇敢追求自己，不愿为了名利委屈自己。

生活中，多少人为了所谓的成功，不惜付出一切代价，似乎只有成功的人才有存在的价值，只有闪光灯下的自己，才真正光彩照人。淡泊名利的人也追求成功，但是他们追求的，是自己内心的成功，是自己想要的生活，而非别人羡慕的生活。

淡泊名利的人通常有以下特点：

（1）注重内在价值。他们更在意自己内心的满足感和精神上的成长，而不是物质财富或名声。他们乐于助人、关心社会，有着积极向上的人生观和价值观。

（2）低调生活。淡泊名利者往往不喜欢炫耀自己的成就或拥有的东西，而是选择过简单朴素的生活，把更多的精力投入到自我提升或是关注他人的需要上。

（3）专注于目标。他们会为了实现自己的理想而努力工作和学习，但不会过分执着于结果。对他们来说，过程比结果更重要。

（4）知足常乐。他们对现在的生活状态感到满意，不过分追求更多或更好的物质享受。他们珍惜所拥有的一切，并对生活中的点滴幸福心存感激。

（5）心态平和。由于不那么看重外界的评价，他们的情绪相对稳定，遇事能保持冷静和平静的心态。

（6）热衷公益事业。比起为自己谋求更大的利益，他们更愿意将时间和资源投入到社会服务或其他慈善活动上。

（7）乐观开朗。面对困难和不愉快的事情时，他们总能抱着积极的态度去解决问题，而非抱怨不已。

总的来说，淡泊名利的人更加重视个人的内心世界和精神修养，以及对他人的关爱和对社会的贡献。他们在面对生活的起伏时更能保持平静和从容的心态，从而活出一种宁静且充实的人生境界。

淡泊名利是一种精神境界。对于劳模来说，淡泊名利就是不看重眼前的利益，心怀大志，心无杂念，纯粹地投入到所从事的事业中。

▶▶ 拓展阅读

淡泊名利赤诚心

饶玉泉同志，1970 年参加工作，1972 年加入中国共产党，1980 年调入万年法院青云法庭工作。他 25 年如一日，扎根基层，淡泊名利，心系百姓，情铸天平，长年累月活跃于人民群众中间，成为党和人民血肉联系的纽带。

80 年代的青云法庭，只有一间办公室、两副旧桌椅，没有通信设备，没有交通工具，条件简陋得不能再简陋，环境艰苦得不能再艰苦。简陋的工作环境导致了"铁打的营盘流水的兵"。但老饶一待就是几十年。

老饶有过多次进城的机会，但他都主动放弃了。1986 年，老饶的四个子女均处学龄期，院领导想调他进机关，方便他子女上学。老饶说："庭里的小吴还没处对象呢，年轻人成家是大事，让他去吧。"1990 年，院领导再次动议。老饶又将机会让给了庭里的小徐，方便他照顾父母。

25 年来，老饶一直保持着饱满的工作热情和严谨的工作作风，经他主审的 1000 多件案子，没有出过一次差错。他兢兢业业，任劳任怨，深受领导和同事的好评，但他谢绝了一次又一次的荣誉。他想：年轻人需要成长进步，应该给他们更多的机会。

青云镇梅家村——一个依山傍水的小村庄，大小楼房参差错落，而就在林立的楼群之间，一座低矮的平房显出几分破败和寒碜；室内没有彩电，没有冰箱，所有的家具都显得陈旧而简陋。

这就是老饶的家。

这就是扎根群众，赤诚为民，忘我工作，在基层法庭一干就是整整 25 个春秋的一级法官饶玉泉的家！

对于金钱和财富，老饶有着和模范法官宋鱼水同样的观点：法官一旦追求金钱，就难以守住秉公执法的道德底线，人民群众也不会再信任他。

青云镇坞头村饶某，因离婚案诉到青云法庭。老饶秉公而断。饶某对法庭判决非常满意，事后向老饶送上一个红包。老饶拒绝了。他想：秉公断案是法官的本分。

案件当事人，有理的担心法官不公，亏理的希望法官不正。所以总有一些人，怀着惴惴之心暗中送礼求情，也有一些人出于对法官裁决的满意，事后送礼致谢。但不管是什么意图，怎样的礼物，老饶都婉言拒绝。

老饶的妻妹与邻居闹官司，老饶主动回避。妻子埋怨他关键时候不关照。老饶解释："当法官不是当老板，想关照谁就关照谁。"妻子说："你不说出来，谁知她是我妹妹？"老饶回答："就算瞒住了别人，也瞒不住自己的良心。"

有人问老饶："你总把机会和荣誉让给别人，总是送礼不受，亲友不顾，你到底图个啥？"

"不图啥。只觉得自己是党员，应该这么做。"老饶回答。

老饶有四个子女，但没有一个端上了"铁饭碗"，子女们为此颇有怨言。所以，一提到家务事，老饶的心情便复杂起来，负疚、伤感、无奈，也掺杂着一种执着、无悔和欣慰……

1998 年，院领导硬是瞒着老饶上报了他的事迹材料，才将他评为"全省先进工作者"。

（六）甘于奉献

甘于奉献是劳模精神的底色。

奉献是劳模精神的价值取向之一，强调了劳模的使命感与责任感，彰显了劳模服务祖国和人民的高尚情怀。奉献就是要劳动者认真对待岗位工作，奉献智慧与力量，在追求个人价值的同时，更注重对社会和集体的贡献，不计较个人得失。

《人民日报》曾写道："奉献，是困难面前的主动担当，是劳累面前的甘于牺牲；奉献，是履行职责时多尽一份心，坚守岗位时多出一份力；奉献，还是在平凡的岗位上燃烧激情和才智，在普通的工作中挥洒辛劳和汗水。奉献者赢得他人的敬意，也往往能够在奉献中成就一番事业，照亮人生道路，提升精神境界。"

甘于奉献的人在工作中总有这样的特征：他们任劳任怨、顾全大局、勇于担当、忠于职守，甚至愿意献出生命。在一些特殊岗位上这样的例子比比皆是，如保家卫国的军人、维护治安的警察、救死扶伤的医务工作者等。

▶ 拓展阅读

奉献不停歇，服务在路上

于井子，女，汉族，中共党员，2003 年 5 月加入中国共产党，2021 年任上海市普陀区人民医院工会主席、"于井子"护理小组护士长。于井子曾获"全国劳动模范"称号、第九届"中国五四青年奖章"，被评为全国三八红旗手、全国女职工先进个人、上海市三八红旗手标兵、上海市十大杰出青年。

"我是党员，就是要带头，就要用最高标准要求自己。"这是身为一名共产党员的于井子对自己的要求。

2003年，在抗击非典的斗争中，当时的于井子还不是共产党员。她积极请战，挺身而出，第一个报名，签下"生死状"，坚决要求到非典定点医院工作。当定点医院进入常态管理后，于井子又到发热门诊工作了整整3个月。她的优异表现和无私无畏的精神赢得了大家的肯定与尊敬。同年5月12日的国际护士节，于井子参加了火线入党仪式，光荣地加入了中国共产党。

被问及为什么要冲在前线，于井子表示，在危急时刻，共产党员不上谁上。一个党员就是一面旗帜。在困难面前挺身而出，冲锋在防疫第一线，充分发挥基层党组织战斗堡垒和共产党员的先锋模范作用，让党旗在防疫第一线高高飘扬，是共产党员义不容辞的责任；同时，身为一名护士，她更应该在其位，谋其职。"作为护士，我有非常扎实的专业知识和工作经验，疫情当前就应该冲在前面。既然选择了这份职业，那就要把它做好。作为一名医务人员，这就是我的职责，身在这一行，疫情面前，我义不容辞。"

从1992年参加工作开始，于井子便加入了无偿献血者的队伍，坚持每年献血。2002年，于井子捐献造血干细胞，成功挽救了一名白血病患者。于井子说："献血是每个公民应尽的义务，况且我是一名医务人员，救死扶伤就是我的职责，我希望能帮助到更多的人。"她还表示，自己做的一切，就是想尽一份绵薄之力帮助他人，也希望用自身的例子去纠正社会上的很多误解，让大家明白：只要捐献一点血、一点骨髓就可以救人，这是一件非常划算和有意义的事情。

作为一名医务工作者，爱心奉献是于井子不变的追求。谈起志愿服务这条爱心之路，于井子认为"关键在于用心"。在每个需要的地方尽力奉献，让最有意义的事充实生命，这就是她的心声。

为将这份爱心进一步传播、让急需帮助的患者群体切实得到救助，2016年9月2日，以于井子名字命名的"于井子博爱慈善专项基金"在普陀区人民医院正式启动，医院还成立了"患友之声"管理委员会，为在院就医的困难患者提供经济援助。于井子表示，希望基金会的成立能以点带面地发扬中华民族扶贫济困的传统美德，让博爱、互助的理念得到更大范围的传播。

于井子是平凡的，她只是做了她应该做的；于井子又是不平凡的，她无私无偿地奉献于人，她的志愿精神影响着了解、认识她的人。她认为：多为人民做贡献，这就是党员的先锋模范作用。

二、新时代劳模精神被赋予新的内涵

进入新时代，劳模精神也被赋予了新的内涵，中国劳动关系学院彭维锋教授总结了新时代劳模精神的十大内涵：

（1）劳动模范是优秀劳动者的典型代表。劳模精神激励了千千万万普通劳动者坚守信念、立足岗位、开拓创新、建功立业。深入考察劳模精神的丰富内涵，清晰阐释劳模精神的内在逻辑，准确判断劳模和劳模精神研究的学术方位，对于解读劳模本质、探究劳模品格、宣传劳模价值和弘扬践行劳模精神，具有重要的理论价值和重大的实践意义。

（2）劳模精神是工人阶级先进性的集中体现。在中国革命、建设、改革的各个历史时期，我国工人阶级都具有走在前列、勇挑重担的光荣传统，我国工人运动都同党的中心任务紧密联系在一起。劳动模范作为工人阶级的优秀代表，是时代的引领者，在工作生活中发挥了先锋和排头兵作用，他们以辛勤劳动、诚实劳动和创造性劳动，持续推动着社会进步、国家发展和民族复兴。劳模精神作为劳动模范的思想内核、行动指南和精神灯塔，成为推动时代前进的强大精神动力，充分体现了工人阶级先进性的主体地位，彰显了工人阶级的伟大品格，推动了工人阶级的成长进步。

（3）劳模精神是工人阶级主人翁意识的集中凸显。主人翁意识是劳模精神的内在本质，是正确认识和理解劳模精神的关键词。正是因为自觉的、强烈的主人翁意识，劳模才以车间为家、以厂为家、以企为家、以国为家，才具有积极主动的岗位意识、职业意识、进取精神和创新精神，才在本职工作中充分发挥积极性、主动性和创造性，才能够艰苦奋斗、淡泊名利、甘于奉献，自觉把人生理想、家庭幸福融入国家富强、民族复兴的伟业之中，最终建构起个人与集体、个人梦与中国梦、小家与国家民族融合统一的发展共同体和命运共同体。

（4）劳模精神是社会主义核心价值观的生动诠释。劳模精神的重要元素和构成因子，如岗位意识、职业精神、进取精神、拼搏精神、创新精神、家国情怀和奉献精神等，是对社会主义核心价值观的生动诠释和现实呈现。可以说，劳模精神是社会主义核心价值观的具象化、人格化和现实化。一方面，劳模是遵循社会主义核心价值观的典范样本，是社会主义核心价值观的模范实践者、生动传播者和最有说服力的检验者；另一方面，劳模之所以能够生成劳模精神，能够成为全社会学习的典范，一个重要原因就在于其主动自觉地遵循并践行了社会主义核心价值观。

（5）劳模精神是时代精神的生动体现。劳模精神是引领时代新风的精神高地，生动体现了时代精神的精神实质、主要特征和重要内容。一方面，劳模精神具有鲜明的时代特征，是时代精神的生动体现。作为一种文化精神，劳模精神不是一成不变的，而是实践的、创新的、鲜活的、生动的存在，随着国家意识形态、经济社会形势和时代变迁而不断演变发展。另一方面，劳模精神推动了时代精神的发展，丰富了时代精神的内涵。在劳模的创造性实践和不断探索中，激发出蕴含着自主性、首创性、先进性元素的劳模精神，呈现着社会进步的发展方向。劳模精神不断为时代精神注入新能量，凸显并丰富时代精神的内涵。

（6）劳模精神是民族精神的重要组成部分。一方面，劳模精神是民族精神核心要素的集中体现。劳模精神既体现了以爱国主义为核心的团结统一、爱好和平、勤劳勇敢、崇德尚礼、公而忘私的民族情怀，又体现了知行合一、自立自强的人生追求。另一方面，劳模精神是民族精神创新发展的重要推动力量。劳模精神始终与时俱进，创新丰富了民族精神。一代又一代劳模，用自己的辛勤劳动、诚实劳动和创造性劳动，为民族精神注入新能量，不断丰富着民族精神的博大内涵。

（7）劳模精神是劳动精神的积极呈现。劳模精神继承并发展了中华民族传统优秀的劳动观念，树立并彰显了一种辛勤劳动、诚实劳动、创造性劳动的新理念，营造并弘扬了一种劳动光荣、技能宝贵、创造伟大的时代风尚，生成并传播了一种劳动者至上、劳动者平等、劳动者可敬、劳动最光荣、劳动最崇高、劳动最伟大、劳动最美丽的劳动观。也正因如此，劳动者才能通过自己的劳动，收获满足感、快乐感、尊严感，在创造丰富物质财富的同时，也拥有丰盈的精神世界。

（8）劳模精神是培育时代新人的重要手段。一方面，劳模精神作为社会主义核心价值观的生动体现，更简单为人们所理解，更容易为人们所接受，更方便为人们所模仿，将对培育时代新人起到重要推动作用。另一方面，通过强化教育引导、舆论宣传、文化熏陶、实践养成、制度保障，培养和造就具有劳模精神的时代新人，就能够激发广大劳动者干事创业的积极性、主动性和创造性。因此，要紧密围绕培养时代新人这个重大命题，在全社会特别是各级学校教育中培育、弘扬和践行劳模精神，引导全社会特别是青少年树立正确的劳动价值观，全面提升劳动者的整体素质和精神品格。

（9）劳模精神是文化自信的重要支撑。一方面，劳模精神是中国特色社会主义文化的重要组成部分，始终贯穿于建设中国特色社会主义文化的全过程。劳模精神植根于中华民族劳动过程特别是中国特色社会主义伟大实践，充分继承并发展了中华优秀传统文化和社会主义先进文化。另一方面，弘扬和践行劳模精神，有助于坚定文化自信，推动社会主义文化繁荣兴盛。弘扬和践行劳模精神，有助于牢牢把握意识形态工作领导权，有助于培育和践行社会主义核心价值观，有助于加强思想道德建设，有助于促进中国特色社会主义文化繁荣发展。

（10）劳模精神是实现伟大复兴中国梦的重要力量。一方面，劳模精神是实现伟大复兴中国梦的宝贵精神财富。在全社会弘扬和践行劳模精神，营造尊重劳动、尊重知识、尊重人才、尊重创造的社会氛围，涵养以辛勤劳动为荣、以好逸恶劳为耻的社会风气，培育积极健康、开放包容的社会心态，才能够让"劳动光荣、创造伟大"成为时代强音，让"辛勤劳动、诚实劳动、创造性劳动"成为普遍认同的价值遵循。另一方面，劳模精神是实现伟大复兴中国梦的强大精神力量。要实现伟大复兴中国梦，实现从制造大国向制造强国的华丽转身，建设知识型、技能型、创新型劳动者大军，必须要大力弘扬和践行劳模精神。如此，才能够真正为中国经济社会发展汇聚强大正能量，才能真正为实现中华民族伟大复兴中国梦增砖添瓦。①

习近平总书记在 2020 年 11 月 24 日出席全国劳动模范和先进工作者表彰大会时发表重要讲话，强调"劳动是一切幸福的源泉。新形势下，我国工人阶级和广大劳动群众要继续学先进赶先进，自觉践行社会主义核心价值观，用劳动模范和先进工作者的崇高精神和高尚品格鞭策自己，焕发劳动热情，厚植工匠文化，恪守职业道德，将辛勤劳动、诚实劳动、创造性劳动作为自觉行为。各级党委和政府要尊重劳模、关爱劳模，贯彻好尊重劳动、尊重知识、尊重人才、尊重创造方针，完善劳模政策，提升劳模地位，落实劳模待遇，推动更多劳动模范和先进工作者竞相涌现。"

劳动模范是时代的先锋、民族的楷模，他们身上承载和彰显的劳模精神一直发挥着引领作用，丰富和拓展了中国精神内涵，充分展现了我国新时代工人阶级和劳动群众的高度自信，已成为社会主义核心价值体系的重要组成部分。

---

① 彭维锋：《新时代劳模精神的十大内涵》，《工人日报》2018 年 3 月 20 日。

第三节 做新时代的劳动模范

学习导入

健康所系，生命相托——钟南山

钟南山，中共党员，1936年10月生，福建厦门人，广州医科大学附属第一医院国家呼吸系统疾病临床医学研究中心主任，中国工程院院士。2003年抗击"非典"中，他不顾生命危险救治危重病人，奔赴疫区指导医疗救治工作，主持制定我国"非典"等急性传染病诊治指南，为战胜"非典"疫情做出重要贡献。2020年抗击新冠疫情中，钟南山再次出征，以实际行动诠释了"人民至上，生命至上"的理念，提出的防控策略和救治措施挽救了无数生命。他主动向公众普及卫生知识，积极建言献策推动公共卫生应急体系建设，为夺取应对甲型流感、H7N9禽流感、新冠等突发公共卫生事件的胜利发挥了重要作用。钟南山荣获"全国五一劳动奖章""全国先进工作者""全国道德模范"等荣誉称号，获国家科学技术进步奖一等奖、白求恩奖章等，2020年被授予"共和国勋章"。

讨论交流

当代大学生应具备何种劳动品质？

_____

_____

_____

_____

_____

_____

_____

劳模精神作为中国共产党人的精神谱系之一，是伟大时代精神的生动体现，是民族精神的重要组成部分，是中国人民宝贵的精神财富。新时代我们更应弘扬劳模精神，营造劳动光荣的社会风尚和精益求精的敬业风气。大学生作为中国特色社会主义的建设者和接班人，要坚定理想信念，大力弘扬和继承中国共产党"爱岗敬业、争创一流，艰苦奋斗、勇于创新，淡泊名利、甘于奉献"的劳模精神，自觉担当起时代使命。

一、新时代大学生劳模精神培育的必要性

（一）促进大学生践行社会主义核心价值观

社会主义核心价值观承载着一个民族和国家的精神追求，体现着一个社会的价值追求，是联结不同民族的精神纽带。培育和弘扬社会主义核心价值观是凝魂聚气、强基固本的基础工程。劳模精神源于中华优秀传统文化的深厚积淀，是民族精神和时代精神的集中体现，在思想引领、爱国情怀、道德提升等方面与社会主义核心价值观高度契合，是对社会主义核心价值观的生动诠释，也是践行社会主义核心价值观的有效载体。

（二）推动实现美好生活

引导新时代大学生热爱劳动、崇尚劳动的品格，对每个人实现美好生活都有着重大意义。新时代随着科技的进步、精神文明的提升，人们对于美好生活有了更高的追求，对精神层面的享受也提出了更高的要求。不管处在哪一个时代、哪一个时期，朝气蓬勃、意气风发的青年都是社会上最有活力、有希望、有生命力的群体，在实现人民对美好生活向往的过程中，青年大学生一定是创建美好生活、实现美好生活的主力军。新时期的劳模精神可以帮助青年大学生树立正确的劳动观，增强其艰苦奋斗精神，激励青年大学生在劳动过程中不断自我克服、自我创新、自我突破，向着美好生活的目标不断前进。

（三）提升主观幸福感

劳动不仅是人类文明进步的阶梯，还是打开幸福之门的钥匙。有的人一提到劳动就觉得苦觉得累，毫无幸福感，那是因为他的懒惰让生命发生霉变，真正的快乐和幸福都是由我们的双手创造的。劳动和幸福不是矛盾对立的。劳动是光荣的，我们的祖先通过劳动而进步，通过劳动发展生产力，生产力的发展推动了科学技术，科学技术的发展带来了时代的进步，同时生产力和科学技术的发展也给人们带来幸福。新时代新风尚的发展都离不开劳动，因此劳动和幸福的关系是内在统一的。通过劳动获得自尊和成就，这是收获幸福的重要途径之一。因此，劳模精神的培育有助于当代大学生提升幸福感。

（四）助力落实立德树人根本任务

教育工作的根本任务在于立德树人，高校担负着培育新时代的社会主义建设者和接班人的重任，是落实立德树人根本任务的主阵地，应该牢牢把握住五育并举、全面发展的教育方针，将劳模精神的培育贯穿高校教育全过程，充分挖掘劳模精神的育人价值，以劳模精神进校园为抓手，讲好中国劳模故事，以劳模追求卓越的高尚品德激励学生，引导学生感受劳模精神的魅力和价值意蕴，劳模精神是引领大学生艰苦奋斗的人生哲理。

二、新时代大学生劳模精神培育对策

（一）强化媒体宣传，发挥劳模示范效应

劳模是民族的精英、人民的楷模。宣传好劳动模范、劳模精神，是党和国家高度重视的一项工作。高校要加大对劳动模范和先进工作者的宣传力度，讲好劳模故事、讲好劳动故事、讲好工匠故事，弘扬劳动最光荣、劳动最崇高、劳动最伟大、劳动最美丽的社会风尚。同时，高校肩负着引领大学生树立正确价值观和劳动观的教育责任，应深入挖掘社会典型劳模人物和事例，特别是挖掘一些与专业相关的岗位模范案例，广泛宣传这些劳模和先进人物的崇高精神。一个典型就是一面旗帜，一个典型可以带动一大片，产生"一花引来万花开"的效应。只有典型选得准、树得牢、叫得响，才能真正发挥劳动模范对大学生的示范引领作用。

（二）净化网络空间，营造崇尚劳动的氛围

在互联网时代，青年大学生作为网络原住民，无疑是网络空间的常客，他们日常生活所接收的很多信息来源于网络，而大学生处在人生观、世界观和价值观发展的重要时期，需要加以正确引导。因此，社会和媒体应该发挥导向作用，特别是学校的官方网站或微信公众号，应加强对一些与主流意识形态、正确劳动观和劳模精神的网络信息传播，向大学生输出真实、可信、可靠的网络信息，为大学生树立正确的劳动观营造良好的网络氛围。

（三）以学生需求为导向完善培育内容，增强劳模精神培育的针对性

当代大学生是青年中的优秀群体，具备独特的个性，有着活跃的思想，对新事物有很高的接纳度和兴趣，传统式说教、灌输式教育不再能完全适合于当代大学生的思想和心理发展特点。因此，在劳动教育课堂上，教师要结合大学生的个性化需求，运用更

合适的方法将抽象的理论知识转变为学生的实践应用能力。教师应该思考如何将劳模精神引入课堂，针对不同阶段、不同专业的学生特点使用更加合适的教学案例。

（四）转变思想观念，提升价值认同

思想和认识决定着我们的行为和决策，只有转变思想观念、提高认识才能真正激发大学生学习劳模精神的内生动力，才能使劳模精神的培育立竿见影。因此，大学生要不断加强自身教育，不断提高自身学习能力和劳动能力，在学习和劳动的过程中自觉摒弃对劳模精神的错误认知，在做中学、做中悟，真正地理解劳模精神的内涵，感悟劳模精神对自身发展的重要意义。只有不断加深劳动的主观体验，提升对劳模精神的正确认知，形成正面的情感体验，大学生才能真正地提高明辨是非的能力，进而转变错误的思想观念，提升对劳模精神的认同度。

（五）坚定崇尚劳动信念，注重实践养成

大学生培育劳模精神不应该只是停留在理论层面，更重要的是付诸实践，要以丰富的实践活动助力大学生劳模精神的养成。"将所知所学转化为客观的物质生产力，必须依靠实践；使中华民族伟大复兴的中国梦以及广大青年的个人理想得以实现，同样依靠实践。"教师应利用教学实践活动或者假期带领大学生到基层、到劳模所在单位进行社会实践，使其在实践中真正走近劳模、体验劳动，感悟劳动的价值、劳动的快乐以及劳模精神对其自身发展的重要意义，以此来激发大学生的劳动潜能，引导大学生树立尊重劳动、崇尚劳动的信念，并在建设中国特色社会主义的伟大实践中自觉地发扬劳模精神。

三、践行劳模精神的具体行动

在新的时代背景下，要加强对大学生劳模精神的培育，社会、高校、个人应构建三位一体的协同育人模式，以此引导大学生从劳动模范、先进典型和身边榜样中感受到他们的良好美德和道德风范，不断锤炼自身品德素养，为实现中华民族伟大复兴中国梦凝聚强大正能量。

▶ 拓展阅读

青春创造劳动，奋斗书写光荣

许博政是天津医学高等专科学校医学护理学院护理专业 2008 班的班长和团支书，也是一名预备党员，担任学校团委实践部部长、青年志愿者协会会长、学校研习会社团

秘书部部长。在生活中他性格开朗、谦虚、自律、诚信、乐于助人。他始终以认真负责的态度做好每一件事，尽职尽责地为同学、老师服务，带领全班同学积极参加各类实践活动。

许博政同学在校期间多次参加校内外社会实践志愿服务活动，累计活动时长一千五百小时。在校内他积极参加劳动活动，组织班级同学对学校校园进行清扫，积极报名参加迎新志愿服务工作、新冠疫苗接种工作，在全国健康照护大赛中担任志愿者组长，并帮助老师完成工作，是老师和同学们的好帮手。

2021年夏天，为积极响应国家号召开展"一带一路"实践行活动，学校组织同学们开展国情考察调研和"三下乡"社会实践活动。许博政同学积极报名参加实践团并担任队长，带领队员来到甘肃省武威市进行为期两周的参观学习和志愿服务活动。在两周时间中，他参观了古浪战役纪念馆，并跟随习近平总书记的脚步来到八步沙六老汉治沙纪念馆，在八步沙林场学习"八步沙六老汉"三代人治沙造林勇挑重任、护卫家园的担当精神和当代愚公移山精神。许博政还带领队员们在民勤县青梭公益中心进行治沙、压沙、植树志愿公益活动。在治沙中他学会了使用犁地铲，并学会了铺草、填沙、压沙、拢草、扎草方格等操作，完成了数千平方米的治沙植树工作。在劳动中他真正领悟到了治沙不仅仅是一句口号，而是要真正通过实际行动来解决环境问题。生态环境的改善不仅是一代人的事业，更是要通过一代又一代人的共同努力才能实现。

在甘肃省武威市进行暑期"三下乡"期间，他们还来到普康田园乡村产业基地和古浪县黄花滩生态移民区富民新村进行学习参观，感受脱贫攻坚带给村民的小康生活新变化。参观活动中，许博政和队员们为村民开展健康宣讲和义诊活动。在义诊过程中，许博政负责为来往村民进行听诊、测量血压和身高体重等常规体检项目，并为村民讲解七步洗手法、接种疫苗预防疾病的作用以及高血压饮食原则和预防措施等小知识。尽管天气炎热，但义诊桌旁始终被热情的村民所包围，场面热闹而有序。此次义诊服务活动得到村民们的高度好评和认可。

在校外他积极报名参加天津市安定医院、天津市第三中心医院、天津市环湖医院、天津市胸科医院等开展的志愿服务活动，帮助患者挂号引导、预检分诊等，受到了医院老师和患者们的好评。他还利用寒暑假在药店参与抗击疫情服务工作，负责为进店顾客测量体温和查看健康码。2021年7月他担任河西区太湖路街秀江园社区兼职团委副书记一职。

2022年1月，许博政积极报名参加共青团天津市委员会举办的"扬帆计划"活动，在红桥区丁字沽街道进行政务实习。当时正值疫情，作为一名医学生，他积极向街道报名并到社区参加志愿活动，在核酸大筛查中负责信息登记工作，同时协助同点位志愿者和社区工作人员正确穿脱防护服，荣获了红桥区防疫志愿者证书。当被问到这样做累不累时，他说自己作为一名医学生，家乡生病了，为自己家乡贡献一份自己的力量，再辛苦也是值得的。

作为校团委实践部部长的他，2022年还组织同学参加暑期云支教活动。作为志愿者领队，他认真策划活动内容并细致开展每个活动环节，指出可以结合学校专业开展特色活动来创新支教方式，活动结束后他组织召开了云支教活动志愿者经验交流会，以便做好总结工作。

"纸上得来终觉浅，绝知此事要躬行。"通过参加志愿服务和实践劳动，他不断积累劳动知识，提升劳动技能，并深切感受到了劳动的不易与艰辛，也坚定了自己作为一名医学生救死扶伤、不惧艰辛的执着追求。许博政誓要为祖国医药卫生事业的发展和人类身心健康奋斗终生，为中华民族伟大复兴贡献出自己的智慧和力量。

大学生践行劳模精神，可以从以下几个方面具体进行：

（1）提升专业技能：大学生应该通过学习和实践，不断提升自己的专业技能和知识水平。这不仅可以提高自己的就业竞争力，也可以为社会做出更大的贡献。

（2）积极参与社会实践：大学生可以通过参与志愿者活动、实习、创业等方式，将所学知识应用到实践中，同时也能培养自己的社会责任感和团队协作能力。

（3）建立良好的生活习惯：劳模精神不仅仅蕴含在工作中，也体现在日常生活的点滴中，如保持良好的作息时间、健康的饮食习惯、积极的生活态度等。

（4）培养良好的道德品质：诚实守信、尊重他人、乐于助人等都是劳模精神的重要体现。大学生应该通过学习和实践，不断提升自己的道德品质。

（5）勇于创新：劳模精神鼓励人们勇于创新，不断挑战自我。大学生应该敢于尝试新的事物，不怕失败，从失败中学习，从而不断提升自己。

（6）有爱心：劳模精神也包括对社会的关爱和奉献。大学生可以通过参与公益活动，帮助需要帮助的人，为社会做出贡献。

总的来说，大学生践行劳模精神，需要在专业技能、社会实践、生活态度、道德品质、创新能力和爱心等方面做出努力。

第四章 工匠精神

　　中国是工匠大国，工匠精神是我国劳动人民继承和发扬的宝贵精神财富，具有丰富的内涵，它与前面章节中的劳动精神、劳模精神构成有机整体。工匠精神的培育，是社会主义精神文明建设的重要组成部分，有利于促进社会文明进步。

　　本章从工匠的概念、工匠精神的内涵以及大力弘扬工匠精神这三方面对工匠和工匠精神进行阐述，帮助学生更好地认识工匠和工匠精神，为弘扬新时代工匠精神作出努力，为培育具有新时代工匠精神的技术技能人才奠定基础。

第一节　工匠的概念

学习导入

张永忠：从木工岗位走出来的汽修"老中医"

张永忠，生于 1964 年，长安汽车发动机制造厂维修调试工、重庆长安汽车股份有限公司一级技能师、中国兵器装备集团公司技能带头人。他先后获得"中华技能大奖""中国科学技术突出贡献奖"以及"重庆市劳动模范""全国技术能手"称号。

1983 年，张永忠从部队退役后来到长安机器制造厂，被分配到当时的 31 车间从事木工工作。一年后，长安机器制造厂开始研究汽车发动机，踏实、努力的张永忠被调去参加组装调试工作。

在这个全新的领域里，他从组装一个个螺钉干起、从基本的零件名称学起，装配、磨合、调试，不分工种，什么都干。他心里非常清楚，要成为发动机调试工，自己必须认真学习，大量实践。从业以来，他钻研技术，依靠自制工具，为成千上万的用户排忧解难。他结合经验，总结出"望、闻、听、切"的发动机维修独门绝技，提升了汽车维修效率，该技术在全国汽车行业推广。他用 30 多年的坚实步伐，向人们展示了从木工到中国汽车行业发动机维修专家的蜕变。

讨论交流

张永忠如何诠释了工匠的概念？

_____

_____

_____

_____

_____

_____

在《现代汉语词典》中，工匠的解释是"手艺工人"。传统意义上的工匠可理解为"手艺人"，即具有专门技艺特长的手工业劳动者。《韩非子·定法》说："夫匠者手巧也……"

工匠是指有工艺专长的匠人，他们专注于某一领域，全身心投入这一领域的产品研发或加工过程，精益求精、一丝不苟地完成整个工序的每一个环节。工匠在现代被称为大师傅、技术员。

在中国，工匠一词最早出现在春秋战国时期，它是在社会分工中开始独立存在专门从事手工业的群体后才出现的。工匠最早指的就是手工业者，他们在古代被称为"百工"。随着历史的发展，东汉时期工匠一词的含义已经基本覆盖全体的手工业者，比如木匠、画匠、铁匠、泥水匠、染匠、厨师等。在中华民族五千年的历史进程中，正是一代又一代工匠孜孜不倦地追求"技道合一"，把对技艺的追求、对作品的虔敬、对人情的体察、对自然的敬畏，以匠心之巧思，倾注于制作过程，才创造出了绚烂辉煌的中国古代科技文明。

在先秦诸子中，庄子赋予"技"更深层次的意义，他把人性的意识渗透进其技术思想中，认为天道美的展现是技术的本质，人之技的最高境界是以技入道。在《庄子》中，许多工匠的形象被树立起来，比如妇孺皆知的"庖丁解牛""运斤成风"。这些形象在强调技艺精湛的同时，又从不同侧面表现了处世之道和人生哲学。

中国不乏工匠人。曾经，工匠是中国老百姓日常生活无法离开的人，比如木匠、铜匠、铁匠、石匠等，各类手工匠人用他们精湛的技艺为人们的生活定下五彩缤纷的底色。从历史发展来看，在手工业时代，由于生产规模小，生产过程相对简单，工匠们有充足的时间对自己的产品精益求精，反复打磨，以达到完美的程度。

与手工业时代相比，工业化时代有了一些不同。首先，工业生产的一个典型特征就是标准化和通用化，每一个零件都是标准化的、可以互换的；第二，在工业生产中，一个工人只需要负责一道工序，而手工生产中，每个工匠都要负责整个生产过程。因此，工业化时代更多地强调工人对标准和规范的遵循和坚守。

在信息化时代，质低价廉、千篇一律的产品越来越不受欢迎。随着互联网技术的发展，提供满足消费者个性化需求的定制服务成为可能。这一变化不仅反映出工业化时代对标准和规范的遵循和坚守，同时也包含了工匠人为满足个性化需求而进行的创新和创造。

随着时代的演进，技术被突破，审美被迭代，产品的使用场景也发生了根本性的变化。一些与现代生活不相适应的老手艺、老工匠渐渐淡出人们的日常生活，新工匠走入了人们的视野。

新工匠的第一个特质是手艺人精神。他专注于产品本身，尊重制造的基本规律，对技术及细节的雕琢非常严格，产品就是他人格的投射。

新工匠的第二个特质是现代性。新工匠的理念融合了当代的新技术、新思维、新生活方式。比如百年前的厨房一定与当代的厨房不同，百年前的饮用趣味一定与当代的饮用趣味不同，百年前我们对伤痛的理解也一定与当代不同。与当代有关，才可能存在于当代。

新工匠的第三个特质是颠覆能力。他必须是与众不同的，必须足够"奇葩"，能够在最普通的商品中重构审美。

▶ 拓展阅读

工匠"祖师"——鲁班

鲁班（约公元前 507 年—公元前 444 年），姬姓，公输氏，名班。鲁班生活在春秋末期到战国初期，出身于世代工匠的家庭，从小就跟随家里人参加过许多土木建筑工程劳动，逐渐掌握了生产劳动的技能，积累了丰富的实践经验。春秋和战国之交，社会变动使工匠获得某些自由和施展才能的机会，由此，他在机械、土木、手工工艺等方面均有所发明。大约在公元前 450 年以后，他从鲁国来到楚国，帮助楚国制造兵器。鲁班曾创造云梯，准备帮楚国攻打宋国，最后被主张制造实用生产工具而反对为战争制造武器的墨子所制止。

他很注意对客观事物的观察、研究，多次受自然现象的启发而展开创造发明。一次爬山时，鲁班的手指被一棵小草划破，他便摘下小草仔细察看，发现草叶两边全是排列均匀的小齿，于是就模仿草叶制成伐木的锯；他看到各种小鸟在天空自由自在地飞翔，就用竹木削成飞鹞，借助风力在空中试飞。开始时飞鹞飞的时间比较短，经过反复研究、不断改进后，飞鹞能在空中飞行很长时间。鲁班一生注重实践，善于动脑，在建筑、机械等方面做出了很大贡献。他创建了宫室台榭、云梯、勾强、木马车，发明了曲尺、墨斗、刨子、磨、碾、锯、锁等。

鲁班不愧是我国古代一位优秀的土木建筑工匠，两千四百多年来一直被土木工匠尊奉为"祖师"，受到人们的尊敬和纪念。

第二节 工匠精神的内涵

学习导入

庖丁解牛

有一个名叫丁的厨师替梁惠王宰牛,手所接触的地方,肩所靠着的地方,脚所踩着的地方,膝所顶着的地方,都发出皮骨相离声,刀子刺进去时响声更大。这些声音没有不合乎音律的,它们竟然同《桑林》《经首》两首乐曲伴奏的舞蹈节奏合拍。

梁惠王说:"嘻!好啊!你的技术怎么会高明到这种程度呢?"

庖丁放下刀子回答说:"臣下所探究的是事物的规律,这已经超过了对于宰牛技术的追求。当初臣下刚开始宰牛的时候,对于牛的结构还不了解,看见的是整头的牛。三年之后,臣下见到的是牛的内部肌理筋骨,再也看不见整头的牛了。宰牛的时候,臣下只用精神去接触牛的身体就可以了,而不必用眼睛去看,就像视觉停止活动了而全凭精神意愿在活动。顺着牛身体的肌理结构,劈开筋骨间大的空隙,沿着骨节间的空穴使刀,这都是依顺着牛本来的结构。宰牛的刀从来没有碰过经络相连的地方、紧附在骨头上的肌肉和肌肉聚结的地方,更何况股部的大骨呢?技术高明的厨工每年换一把刀,是因为他们用刀子去割肉;技术一般的厨工每月换一把刀,是因为他们用刀子去砍骨头。臣下的这把刀已用了十九年了,宰牛数千头,而刀口却像刚从磨刀石上磨出来的一样。牛身上的骨节是有空隙的,刀刃也并不厚,用这样薄的刀刃刺入有空隙的骨节,在运转刀刃时一定宽绰而有余地,因此这把刀用了十九年而刀刃仍非常锋利。虽然如此,每当碰上筋骨交错的地方,我一见那里难以下刀,就十分谨慎,目光集中,动作放慢,刀子轻轻地动一下,"哗啦"一声骨肉就已经分离,像一堆泥土散落在地上。我提起刀站着,为这一成功而得意地四下环顾,一副悠然自得、心满意足的样子,然后拭好刀,把它收藏起来。"

梁惠王说:"好啊!我听了庖丁的话,学到了养生之道啊。"

讨论交流

"庖丁解牛"的小故事说明了什么道理?

工匠精神在中国自古有之。我国工匠群体从历史时间轴的起点伊始，不断积聚着力量和惯性，凝集着中华民族的工匠精神，一步一步跨过时间的长河，留下了令世界惊叹的造物技艺。今天我们可以从各类史料记载之中窥见古代工匠们一道道坚韧的剪影。早在4300年之前，有史可载的工匠精神就出现了萌芽。舜"陶河滨，河滨器皆不苦窳"，记录了舜早年在河滨制陶时，追求精工细作，并以此带动周围人们制作陶器也杜绝粗制滥造的事迹。自舜帝时期开始，再到夏朝的"奚仲"，商朝的"傅说"，春秋战国的"庆"，工匠开始大量出现在史书之中，并随着我国古代政治、文化、商业、科技等领域的发展而不断演变推进，由此形成了我国独特悠久的工匠文化和工匠精神。从精美的丝绸、陶瓷到众多的发明创造，都体现着我国古代工匠的智慧和对完美的不懈追求；"庖丁解牛""运斤成风"等这些成语小故事，都体现了我国古代工匠的精湛技艺。2016年3月5日，时任国务院总理的李克强作政府工作报告时说："鼓励企业开展个性化定制、柔性化生产，培育精益求精的工匠精神，增品种、提品质、创品牌。""工匠精神"出现在政府工作报告中意义非凡。

工匠精神，是指工匠对自己的作品精雕细琢、精益求精、不断完善使其完美的精神理念。工匠们专注于每一个细节，运用智慧和经验，不断改善自己的工艺，打造完美产品，这是工匠们在自己的职业中淬炼出来的品格与气质。

历史长河滚滚向前，中华民族的工匠精神在岁月的沉淀洗礼中焕发出了崭新的时代内涵。2019年9月，习近平总书记对我国技能选手在第45届世界技能大赛上取得佳绩作出重要指示，"弘扬精益求精的工匠精神，激励广大青年走技能成才、技能报国之路"。工匠精神的内涵和技能报国的外延，是新时代工人阶级优秀品质的集中体现，是新时代激励广大职工实现中国梦的强大精神力量。根植于中华传统丰厚土壤中的新时代中国工匠精神具有鲜明的民族性。在新时代大力弘扬工匠精神，对于推动经济高质量发展、把我国建成富强民主文明和谐美丽的社会主义现代化强国具有重要意义。新时代的工匠精神的基本内涵，主要包括爱岗敬业的职业精神、精益求精的品质精神、协作共进的团队精神、追求卓越的创新精神四个方面的内容。爱岗敬业的职业精神是根本，精益求精的品质精神是核心，协作共进的团队精神是要义，追求卓越的创新精神是灵魂。

▶ 拓展阅读

罗卓红：战机"心脏手术师"

在航空发动机修理行业中，有着这样一位匠人，他专注于航修事业近30年，从默默无闻成长为空军装备修理系统首屈一指的技能专家，他就是中国人民解放军第5719工厂外场服务人员罗卓红。

罗卓红曾先后完成国庆阅兵、实兵对抗、重点方向战备保障等重大专项任务36次，作为空军装备部巡察组专家参与装备巡查12次，先后获"空军装备部质量先进个人"3次。面对这些荣誉，罗卓红说："我只是工厂中普通的一员，像我这样的员工还有很多。"2017年7月，罗卓红赴某航空兵部队进行驻点保障，他也有幸见证了工厂承修的某新型发动机首次参加阅兵演练。7月20日，一台发动机试车时加调供油偏心管漏油，但是飞机必须参加下午的训练任务，临时调换飞机会影响后续整个飞行计划。情况刻不容缓，罗卓红迅速爬上飞机查找漏油部位，发现漏油位置紧贴机匣，上方布满导管，更换难度较大。为确保该架飞机正常参训，他迅速制定了拆解方案，终于在下午2点之前将破损胶圈更换完毕。

为帮助年轻的外场人员提高工作质量，罗卓红结合工作经验总结出了"四勤一灵七要一不留"工作法。罗卓红说，我们的目标是要打造一个技术、技能兼优的"双师"团队。

从一名普通职工成长为高级技师、四川省劳模、全国劳模，一路走来，罗卓红最大的心得就是要在本职岗位上尽职尽责地工作，要干就干到最好！

一、爱岗敬业的职业精神

爱岗敬业，是爱岗和敬业的合称，二者互为表里、相辅相成。爱岗是敬业的基础，而敬业是爱岗的升华。具体来说，所谓"爱岗"，就是要干一行爱一行，热爱本职工作，不能见异思迁；所谓"敬业"，就是要钻一行精一行，对待自己的工作要勤勤恳恳、兢兢业业、一丝不苟、认真负责。凡是获得"工匠"和"劳模"荣誉称号的工人，都是爱岗敬业的典范，很多人都在本职岗位上工作了二三十年，干出了一番事业。

爱岗敬业的职业精神是工匠精神的根本。大学生要树立正确的劳动观，充分认识到劳动是没有高低贵贱之分的，无论从事什么工作，都要做到干一行爱一行、爱一行钻一行。只有尊重、热爱自己的职业，才会心甘情愿地付出，才会持之以恒地坚持，才会始终如一地钻研，做到尽职尽责、尽善尽美，对得起自己的良心。爱岗敬业是责任和付出，是品质和尊严，是道义和担当，是一种与生俱来的使命。一个人缺少爱岗敬业的精神，这个人就会被别人轻视；一个组织缺少爱岗敬业的精神，这个组织就难以让人信任。

二、精益求精的品质精神

精益求精，是指一件产品或一种工作，本来做得已经很好了，但人还不满足，还要做得更好，达到极致。精益求精的品质精神是工匠精神的核心。一个人之所以能够成为工匠，就在于他对自己产品品质的追求只有进行时，没有完成时，永远在路上；他不惜花费大量的时间和精力，反复改进产品，努力把产品的品质从 99％，提升到99.9％，再提升到 99.99％。对于工匠来说，产品的品质只有更好，没有最好。追求极致、精益求精，是获得各类"工匠"荣誉称号的工人的共同特点，这也是他们能身怀绝技，在各省、全国乃至国际技能大赛中夺金戴银的重要原因。

精益求精的劳动表现为劳动者高标准、高要求、高质量地完成劳动任务，杜绝弄虚作假、敷衍应对的情况；表现为劳动者在劳动过程中遇到各种困难时，不轻言放弃，执着追求，坚持不懈。被称为"金手天焊"的高凤林，从事航天火箭的焊接工作。该工作难度大，精度要求高。火箭虽高达 20 层楼，重达数百吨，但仅仅一个密封圈、螺丝甚至几克的杂物就能让它在飞行中轰然解体。焊枪每一次点焊的力道和时间如果把握不对，都会成为巨大的安全隐患。火箭发动机上一个焊点的宽度仅 0.16 毫米，焊接时间误差仅限 0.1 秒，并且火箭上每种材料的焊接方式都不同，这些对焊接工的技术要求非常高。高凤林靠着对知识、技术、操作的综合把握以及对质量和效益的执着追求，先后攻克了 20 多项难关。高凤林能够获得今天的成就和荣誉，凭借的就是他精益求精、追求极致的工匠精神。他说："我做事干到一般般都觉得丢脸，要干就干到最好。"

三、协作共进的团队精神

协作共进的团队精神主要体现于新时代的工匠精神之中。和传统工匠不同，新时代工匠尤其是产业工人的生产方式已不再是手工作坊式的，而是大机器生产，他所承担的工作，只是众多工序中的一小部分。比如"复兴号"列车，一列车厢就有三万七千多道工序，一个人是不可能完成的，必须由车间或班组亦即团队协作来完成。团队需要的是协作共进，而不是各自为战。因此，协作共进的团队精神是现代工匠精神的要义。所谓"协作"，就是团队成员的分工合作；所谓"共进"，就是团队成员的共同努力、共同进步。中国制造业的发展壮大需要有协作共进精神的新型工匠。

■ 四、追求卓越的创新精神

传统的工匠精神强调的是继承，祖传父、父传子、子传孙，是传统工匠传承的一种主要方式，而新时代的工匠精神强调的则是在继承基础上的创新。因为只有在继承基础上创新，才能跟上时代前进的步伐，推动产品的升级换代，满足社会的发展和人民日益增长的对美好生活的需要。有无"追求卓越的创新精神"，是判断一个工人能否成为新时代工匠的一个重要标准。

追求卓越的创新精神是工匠精神的灵魂。创新是一个国家进步的灵魂。锤炼精湛技艺、锻造过硬本领，离不开传承延续，更离不开推陈出新，工匠精神是非常需要有创新精神的。作为一线的工作者不仅要追求精益求精，而且要对生产力的提高有更高的追求，要通过不断的学习、探索、思考、自我革新等提升产品质量，升华工匠精神，赋予传统技艺新的生命力。

▶ 拓展阅读

十年磨一"镜"

周平红，1968年出生于江苏泰兴，国际知名消化内镜微创治疗专家，外科学博士、博导、主任医师、教授，复旦大学附属中山医院内镜中心主任，是医学界入选大国工匠的唯一代表。

2006年，周平红还是一名普通的外科医生。当时，内镜下微创切除手术在中国还是一片空白。中山医院送周平红远赴日本学习内镜切除消化道早期癌症新技术。他其实是个左撇子，但是内镜手术要求左右手一起开工协调配合。"并没有什么捷径，医生的临床动手能力是第一位的，手术做得好对患者是第一位的，否则就是学艺不精。"周平红说，"内镜手术的实施完全依赖医生对器械的精准操作，可以说是精细至极的手艺活儿。"在潜心苦练下，很快周平红操作内镜就和吃饭时用筷子一样自如。

POEM手术全称是内窥镜下食管下层肌切开术，是目前全世界治疗贲门失弛缓症的最佳方法。和外科手术不同，POEM手术需利用一条1.2米长的特制管状内窥镜，深入体内的手术点，以实施精准手术。对患者而言，最大的好处就是手术只需在人体的自然腔道——消化道内开一个小创口，免去了开胸破腹之痛。人的食道壁通常只有0.4厘米，在如此狭小的空间进行手术，病人食管受损的概率比较大。周教授独辟蹊径，在病人的食道管壁的夹层中建造了一条隐形隧道，在食道壁里打隧道是他的独创。

全世界最具难度的POEM手术总数不超过6000例，其中超过2800例（约一半）都是在中山医院内镜中心完成的。

第三节 大力弘扬工匠精神

学习导入

徐建华的古书画修复

"看我这马蹄刀，手打的，多好！现在都买不到了。"徐建华把手里的布包层层打开，露出一件件他心爱的"宝贝"：五六把大小不一的马蹄刀，几个长短薄厚不同的起子，一大把针锥儿，还有一把鬃刷。这些修复古书画的必备"家伙什儿"，已经陪伴了他四十多年。几十年来徐建华用技艺、心血参与修复了《清明上河图》《游春图》《五牛图》等传世名作，以此延续古书画的生命。

1974年，徐建华当兵复员被分配到故宫修复厂。因为他能听懂无锡话，被分配给杨文彬当徒弟，当时正赶上《清明上河图》的修复。"当徒弟，你就得处处用心。要跟师傅聊，盯着师傅干。只有学到要点、诀窍，才能真正立住脚。"当了徒弟的"小徐"，每天早早就到裱画室，打水、生炉子、拉煤，给师傅磨刀、备纸……什么活儿都抢着做。师傅趴在宽大红漆裱画案上干活时，他就站在旁边一刻不离。历时一年多，曾经千疮百孔的《清明上河图》重焕生机。修复工作圆满结束后，"老先生"才一改往日严肃的神情，绽露了些许笑容。

徐建华在"老先生"身上学到的最重要的东西就是对待事业的态度：尽心尽力、一丝不苟。按照学这行的规矩，第一年托绫子、打糨子，第二年做立轴，第三年做手卷、册页——三年出徒。但徐建华坦言："想真正把手艺学精了，至少要十年。""想学好这行，需要耐得住寂寞。"

在行业中，他被视为"国宝级"专家。而随着故宫古书画装裱修复技艺被列为国家非物质文化遗产，2012年底徐建华也被评为这一项目的代表性传承人。

讨论交流

当前互联网技术越来越发达，人工智能应用越来越广泛，高精仪器使用得也越来越频繁，在很多行业里已经不再需要大量人力劳动了。请谈谈新时代发扬工匠精神的意义有哪些。

_____

_____

_____

_____

_____

_____

_____

工匠精神是以爱国主义为核心的民族精神和以改革创新为核心的时代精神的生动体现。工匠精神的培育，是社会主义精神文明建设的重要组成部分，有利于促进社会文明进步。《中国制造2025》指出，制造业是国民经济的主体，是立国之本、兴国之器、强国之基。党的十九届五中全会指出，坚持把发展经济着力点放在实体经济上，坚定不移建设制造强国、质量强国、网络强国、数字中国。建设制造强国，一个关键就是加快发展现代产业体系，推动经济体系优化升级，推进产业基础高级化、产业链现代化。

2016年以来，全国职工提出技术革新项目214.5万项，发明创造项目80.8万项，大大提升了生产效率，产生了巨大的经济社会效益。事实证明，最美的风景往往出现在人迹罕至处，科技进步、社会发展的潜力也蕴藏于前人未至之境。鲜花因汗水而绽放，事业因实干而兴旺。高超娴熟的技能，精雕细刻的理念，最终要落实于奋发进取的干劲。"十三五"时期，从"嫦娥"奔月到"奋斗者"潜海，从港珠澳大桥飞架三地到京张高铁风驰电掣……大国重器、超级工程的诞生，离不开工匠们接续奋斗的实干，刻印着劳动者远望苍穹、探索深海、焊花闪烁、刀锋起舞的身影。立足岗位、奋发有为，把工匠精神倾注于一个个零件、一道道工序、一次次试验，我们就能在制造大国向制造强国、中国制造向中国创造的征程上汇聚强大力量[①]。因此，为了实现从生产型向服务型、从价值链低端向高端、从中国制造向中国创造、从制造大国迈入制造强国的宏伟目标，我国就必须要大力弘扬工匠精神。

■ 一、工匠精神有助于加深爱国主义情怀 ■

我国工匠文化历史悠久，四大发明、唐三彩、丝绸、长城、故宫建筑群等，都是值

_____

① 石羚：《培厚工匠精神的土壤》，《人民日报》2020年12月20日，第4版。

得我们骄傲和自豪的。工匠精神的内涵，一向注重匠人的品德修养，将道德与技艺、个人与国家等因素综合起来评判。中国传统工匠文化强调德艺双馨、德技相生，德为先、技在后，两者相得益彰。新时代，我们要重塑工匠文化的精神家园，大力弘扬"道、德、艺"三者融合的工匠文化，在全社会大力营造尊重工匠、学习工匠、争当工匠的氛围。在新时代大力弘扬工匠精神，不仅仅是对传统优秀文化的传承，也是在全体民众中厚植爱国主义情怀，助力人们凝心聚力、奋发有为推进党和国家的各项事业。

工匠精神的实践属性与爱国主义的价值目标相契合。所有历史形成的精神，都会成为我们迈向更高境界、奔向更远目标的物质力量和精神旗帜。就中华民族而言，工匠精神表现出不同的时代内涵和价值力量。近代以来围绕两大历史性任务——"求得民族独立和解放"和"实现国家富强和人民共同富裕"，形成了彻底革命精神和独立自主的社会主义建设精神，实现了由创业精神向兴业精神、由探索精神向改革精神的演变。无论哪个时期都需要社会各界发扬持续奋斗、热忱忘我的工匠精神。民族独立是爱国主义的价值目标，民族富强也是爱国主义的价值旨归，在价值追求上现代工匠精神则体现为爱国主义。

工匠精神的价值立场与爱国主义的民族情怀相契合。工匠精神契合当代中国创新、协调、绿色、开放、共享的新发展理念，是中国人民和中华民族的价值体现和价值追求。越是在国家发展的关键时期和奋进阶段，越需要工匠精神及其实践自觉的彰显。爱国主义继承了中华民族深厚的文化基因，承载了自强不息的民族精神，致力于民族复兴的伟大梦想。我们比以往任何时候都更加接近这个梦想，也比以往任何时候都更加有能力实现这个梦想，这个能力的根基就是工匠精神，这个梦想的实现也有赖于我们继续弘扬爱国主义的民族情怀。

二、工匠精神有助于营造健康向上的环境

随着产业的转型升级，社会迫切需要具有新时代工匠精神的人才队伍。我们要紧跟时代步伐、回应时代要求，营造健康向上的环境，展现高尚的职业精神和职业品格。

市场经济环境下，对企业家的评判标准和相应的激励机制，全社会已形成高度共识。优秀的工人被称为工匠，他们完成别人不想做、不敢做却十分重要的工作。他们凝聚起一个富有激情和活力的生产团队，在创新中改进工艺流程，极大提升了生产效率，增加了企业利润。这无可争议地揭示，产业链升级的关键在于培育一批具有工匠精神的中高级技术应用人才来推动我国产业技术革新，为产业的转型升级和制造业强国战略的实施提供坚实的人才支持。建立一系列能够充分表现对优秀工匠劳动及其杰出贡献高度尊重的制度，成为迫切需要。

工匠精神的养成，必须有与之相适应的良好社会文化氛围。我们应做好"四个崇

尚"。首先是崇尚劳动，我们应尊重生产一线劳动者的劳动。现阶段工匠精神缺失，同存在轻视甚至鄙视生产一线劳动者的现象有密切关系。其次是崇尚技能，我们要让技能人才有地位、有较高的收入、有发展的通道。三是崇尚创造，真正的工匠精神，应该是富有强烈的创新和创造精神的。四是崇尚"十年磨一剑"的理念，高品质的产品和高水准的服务，是要靠时间来精心打磨的，反观我们现有的制度、政策安排和评价体系，不少都引导人们急功近利，追求"短平快"，催促人们早出成果、多出成果，重数量、轻质量。

"空谈误国，实干兴邦"，广大劳动者应在各自岗位上拼搏奋斗，用干劲、闯劲、钻劲鼓舞更多的人，让勤奋做事、勤勉为人、勤劳致富的理念在全社会蔚然成风，让工作中追求精益求精、不断创新的品质发扬光大，营造健康向上、奋发有为的社会风气，采用更大格局、更高视野、更实举措服务社会。

三、工匠精神有助于提升中国国际形象

品牌是一个企业走向世界的通行证，是一个国家竞争力的重要体现，也是一个国家形象的亮丽名片。当今社会，我们仍然肩负着经济发展方式转型和产业结构升级的重大任务，而要完成这一任务，实现由制造大国到制造强国的转变，实现由中国制造到中国创造的跨越，离不开广大职工的创新和创造，离不开对工匠精神的继承和发扬。

近年来，随着"一带一路"建设，我国品牌建设取得长足进步，在国际上得到众多肯定，但是真正有影响力的品牌还不多，这与我国作为世界第二大经济体、第一制造业大国的地位很不相符。在中国制造走出去的过程中，一些产品的质量也常常受到诟病。要在竞争中取胜，关键在于提高中国制造的产品质量。只有充分发扬工匠精神，培养大批高素质的大国工匠，才能打造高质量的产品，提高企业的核心竞争力，推动中国制造走出去。提升品牌形象，要求把工匠精神融入产品设计、生产、经营的每一个环节，做到精益求精、追求完美，实现产品从"重量"到"重质"的飞跃提升。弘扬工匠精神，让每个劳动者恪尽职业操守，崇尚精益求精，进而培育众多大国工匠，不断提升产品质量，打造更多享誉世界的中国品牌，建设品牌强国。

四、工匠精神有助于完善技能型人才培养体系

工匠精神的缺失，从根本上看是劳动光荣理念的缺失。因此，培养大国工匠，提倡工匠精神，首先要大力弘扬劳动光荣的理念，纠正轻视劳动特别是轻视普通劳动者的不良风气，重视职业教育，创新教育体制，为培育大国工匠、重塑工匠精神营造良好的社会环境。

工匠精神的培育和塑造，要根据职业技能、职业素养、职业理念不同层次的要求，有针对性地进行开展。首先，政府要加大职业培训力度、开展现代学徒制试点、深化"金蓝领工程"等工作抓手，夯实产生工匠精神的人力基础；其次，通过制度顶层设计，转变"重装备、轻技工，重学历、轻能力，重理论、轻操作"的观念，形成培育工匠精神的保障机制；再次，工匠精神是一种深层次的文化形态，需要在长期的价值激励中逐渐形成，通过文化再造、源头培育、社会滋养，发展先进企业文化和职工文化，使工匠精神成为引领社会风尚的风向标。

随着工业 4.0 时代的到来，社会对技能型人才的需求急剧增长。高校作为人才培养的主阵地，理应与时俱进，积极进行人才培养改革，努力培育出基础知识和专业技术扎实、创新能力强、实践能力高的技能型人才，以满足经济产业的发展需求。工匠精神的核心就是精益求精、追求完美的职业态度。发扬工匠精神能够促进学校自身教学理念、教育管理内涵的创新提升，促进职业教育良性发展。

工匠文化和工匠精神不仅是我国古代社会走向繁荣的重要支撑，也是一份厚重的历史沉淀。工匠精神的本质是精业与敬业，这种精神融入工匠们的血液之中，使工匠技艺为骨，匠心为魂，共同铸就了我国丰富的物质文化，推动了我国古代技术的创新发展。当前推崇工匠精神已成为社会共识。"择一事终一生"的执着专注，"干一行专一行"的精益求精，"偏毫厘不敢安"的一丝不苟，"千万锤成一器"的卓越追求，这些均是工匠精神的具体体现。新时代工匠精神应该是"匠心、匠行、匠德"的统一。"匠心"是工匠精神的起点，没有"匠心"就没有工匠精神的产生；"匠行"是工匠精神发生、积淀、传承的关键，工匠精神绝不是"空心无物"的状态，精神一定是在行为和实践中传承的；"匠德"是工匠精神的精神内核，是"匠心""匠行"发生后的道德认知和道德提升，具备"匠德"之人才能传承和发展工匠精神。当前，我国正处在从工业大国向工业强国迈进的关键时期，培育和弘扬严谨认真、精益求精、追求完美的工匠精神，对于建设制造强国具有重要意义。而只有对新时代工匠精神的基本内涵形成共识，才能树匠心、育匠人，为推进中国制造的"品质革命"提供源源不断的动力。在新时代大力弘扬工匠精神，必将推动广大群众用实干成就梦想，在平凡中彰显不凡，汇聚砥砺奋进的强劲动能，推动实现中华民族伟大复兴中国梦的进程。

工匠精神与前面章节中的劳动精神、劳模精神构成有机整体，三者之间既有联系，又有区别。劳动精神是一名合格的劳动者应该有的精神，是成为劳模和工匠的前提；劳模精神是一种高层次的道德追求，除了强调卓越的技能，还强调高尚的道德情操，它是时代精神的一种体现，对全社会起到了引领作用，是所有劳动者都应该学习的精神，是影响和引领每一位劳动者从平凡走向不平凡的外力，从外部影响每一位劳动者学先进、做先进；工匠精神则是每一位劳动者都应该具有的精神，强调技术上精益求精、追求完美，从内部唤醒每一位劳动者不断成就最好的自觉性，是激发和激励每一位劳动者不断自我挑战和自我超越的内力。劳模精神是超越别人的精神，劳模本身就是因为超越了很多劳动者才脱颖而出的；工匠精神是超越自己的精神，世上最大的对手不是别人，而是自己。工匠精神是让劳动者成为自己的"劳模"，劳模精神是让劳动者成为别人的"模范"；工匠精神点亮了自己的生命，劳模精神则照亮了别人的生命。

按照马克思主义的基本观点，劳动创造了人本身。劳动精神是成为人的精神，劳模精神是成为影响别人的人的精神，而工匠精神则是成为更加优秀的人的精神。弘扬劳动精神、劳模精神和工匠精神，都是为了全面提高广大职工素质，加快建设一支知识型、技能型、创新型产业人才队伍，为建设社会主义现代化强国提供人才支撑。

第五章　志愿服务

　　志愿服务活动是在中国深化改革、推进社会主义市场经济体制的过程中应运而生的，它以倡导和推进爱心助人、奉献社会为宗旨，既是继承中华民族互帮互助美德的优良传统，也是新时期推进精神文明建设的新举措。

　　通过本章学习，学生能够了解志愿者、志愿服务和志愿服务精神的内涵。通过志愿服务活动，大学生志愿者可以在实践中强化道德认知，凝聚精神动力，培养良好道德，这些都有助于引导大学生在实践中学习和践行社会主义核心价值观。

第一节　志愿服务概述

学习导入

青春在奉献中闪光——白求恩志愿者协会

在团中央的积极推动下，吉林大学白求恩志愿者协会应运而生。1994年，白求恩志愿者协会组织第一批志愿者前往双阳开展"三下乡"活动，由此拉开了白求恩志愿者协会长达20余年志愿服务的序幕。20余年来，白求恩志愿者协会始终以帮助他人、服务社会为出发点，以白求恩先生为榜样，积极践行榜样行为，依托医学专业开展了一大批极具影响力的专业化服务项目，如乡村医疗救护服务、医护知识宣传等。2013年，白求恩志愿者协会在继承医疗志愿服务活动优良传统的基础上，依托学科专业优势，对接时代发展需求和社会现状，开展了一批极具专业特色的志愿服务项目，最终形成模块化、组织化、规范化和系统化的志愿服务新格局。其中，白求恩志愿者协会依托医学专业特色所进行的"蓝马甲""红马甲"系列活动现已成为白求恩志愿者协会的品牌化服务项目。目前，白求恩志愿者协会常年拥有5000余名志愿者，固定服务基地500多处，累计服务时长40万小时，成为极具社会影响力和感召力的高校志愿服务团队之一。

讨论交流

你认为大学生参加志愿服务的意义是什么？

_____

_____

_____

_____

_____

_____

_____

一、志愿者

志愿者的联合国定义为"自愿进行社会公共利益服务而不获取任何利益、金钱、名利的活动者"，具体指在不为任何物质报酬的情况下，能够主动承担社会责任而不获取报酬，奉献个人时间和助人为乐行动的人。

根据中国的具体情况，志愿者是这样定义的："在自身条件许可的情况下，参加相关团体，在不谋求任何物质、金钱及相关利益回报的前提下，在非本职职责范围内，合理运用社会现有的资源，服务于社会公益事业，为帮助有一定需要的人士，开展力所能及的、切合实际的，具一定专业性、技能性、长期性服务活动的人。"在不同的地方志愿者有不同的称谓，例如在我国香港称为"义工"，在我国台湾称为"志工"。

▶ 拓展阅读

徐本禹：2004 感动中国年度人物

如果眼泪是一种财富，徐本禹就是一个富有的人，在过去的一年里，他让我们泪流满面。从繁华的城市，他走进大山深处，用一个刚刚毕业的大学生稚嫩的肩膀，扛住了倾颓的教室，扛住了贫穷和孤独，扛起了本来不属于他的责任。也许一个人的力量还不能让孩子眼睛铺满阳光，爱，被期待着。徐本禹点亮了火把，刺痛了我们的眼睛。

——感动人物颁奖词

一、基本情况

徐本禹，男，1982 年生，山东聊城人，中共党员，系华中农业大学经济贸易管理学院 1999 级经济学专业学生，2003 年本科毕业，高分考取同校农业经济管理专业硕士研究生。现任共青团湖北省委副书记。

徐本禹家境贫寒，考入大学后，学习和生活遇到很多困难，被列入特困生，并得到学校的资助、老师同学的关爱和社会的帮助。这化为强大的精神动力，激励他自强不息，立志成才，做一个对国家、对社会、对他人有用的人。他勤奋学习，成绩优秀，获得国家奖学金和学校特困生自强奖学金，并被评为学校三好学生和优秀毕业生。他在政治上积极要求进步，被评为学校优秀共青团员，当选为共青团湖北省第十一次代表大会代表，并加入了中国共产党。他满腔热情，积极投身社会实践，被评为湖北省大学生社会实践先进个人。他富有爱心，在大学期间节衣缩食，用自己勤工助学的微薄收入和刻苦学习所得到的奖学金，先后资助多名经济困难的同学，并积极为社会公益事业捐款。从 2001 年开始，他一直在资助湖北沙市一名叫许星星的孤儿（曾获全国十佳春蕾女童称号），从未间断。他在自述中写道："我唯一能做的就是把爱心传递下去，用自己的行动来帮助那些生活上需要帮助的人。"

2002 年 7 月，徐本禹参加学校组织的暑期社会实践，到贵州省大方县猫场镇狗吊岩村设在山洞里的为民小学支教一个月。这次社会实践使他更加深刻地认识了国情，激发了他强烈的社会责任感，徐本禹决心以实际行动为改变当地贫穷落后的状况贡献自己的力量。返校时，孩子们依依不舍，他向孩子们承诺一年后再回去给他们上课。考上研究生后，他打算放弃深造机会，回到贵州实践自己"阳光下的诺言"。学校经过研究，决定为他保留研究生学籍两年，以此支持他的行为。

2003 年 7 月，徐本禹重返生活和工作条件十分艰苦的为民小学义务支教。当时团中央西部志愿者计划尚未实施，为了保证他的基本生活，校团委和他所在的经济贸易管理学院为他提供了生活补助。后来，贵州团省委将他补入贵州扶贫接力计划。徐本禹深受感动和激励，每月从微薄的生活补助中节省出一半的钱，用来资助当地孩子上学。他的感人事迹经媒体报道后，社会各界纷纷伸出援手，使当地教育条件迅速得到改善，小学迁出山洞，搬进了新校舍，在校学生也由原来的不足 100 人增加到 250 多人。2004 年 7 月，他从办学条件已经大为改善的狗吊岩村转点到条件更加艰苦的大水苗族彝族布依族乡大石村继续义务支教。华中农业大学获悉这一情况后，捐资 8 万元为大石小学修建新校舍，对徐本禹的支教行动给予了更大支持和鼓励。

徐本禹先后被授予"全国十大社会公益之星""中国青年五四奖章""十大杰出青年""中国十大杰出志愿者"等荣誉称号。

二、社会反映

媒体从 2001 年开始报道徐本禹的事迹。支教期间他多次应邀在贵州和武汉高校作报告，引起强烈反响。2004 年 7 月，反映徐本禹支教事迹的图文报道《两所乡村小学和一个支教者》在网上发表后，立即引起巨大轰动。100 多家国内外网站转发了该报道，30 多家报纸、杂志、电台、电视台作了相关报道。教师节当日，人民网在首页头条位置突出报道了徐本禹的事迹。《新京报》《南方都市报》等用整版篇幅作了长篇报道，《中国青年》杂志打破常规，将徐本禹的事迹用 10 个版面作为封面专题进行报道，被多家报纸转载。中央电视台、上海电视台、北京电视台、山东电视台、贵州电视台都以专题或栏目形式进行了深度报道。11 月 20 日，徐本禹入选中央电视台"2004 感动中国"年度人物候选人，《东方之子》《面对面》《社会纪录》等栏目制作了徐本禹专题节目。《光明日报》《中国教育报》《湖北日报》也对徐本禹进行了报道。

徐本禹的事迹感动了无数人，尤其感动了广大青年学生。全国各地网友以及 10 多个国家和地区的华人华侨和中国留学生纷纷发来电子邮件或在网上撰文，用真诚感人的语言，表达了对徐本禹的赞誉，称他为"新时代大学生的楷模""中华民族的脊梁""知识分子的社会良知"。同时，他的事迹也引发了国内外人士的爱心。在他们的援助下，大水乡共收到要求捐款的电子邮件 2000 余封，实际收到捐款近 20 万元人民币，一举解决了大水乡 502 名贫困孩子一学期的学杂费；此外，大水乡还收到社会各界捐赠的衣物、文具、电脑、体育器材等（折合人民币 25 万余元）。在徐本禹的感召下，2016 年暑期，全国各地高校的 40 多名大学生先后前往大水乡进行社会实践，8 名社会人士来到当地长期义务支教。

徐本禹的事迹引起了中共贵州省委的高度重视。贵州省委书记钱运录就此作出批示，贵州省教育厅在大方县召开现场办公会，决定将大石小学更名为"华农大石希望小学"，匹配建校资金 28 万元，修建大石小学新校舍，并落实 2 名公办教师编制。当地群众欢欣鼓舞，奔走相告。新学期该小学注册学生人数比上学期增加了近一倍。

三、典型意义

徐本禹的事迹不仅充分体现了当代大学生理想信念坚定、价值取向正确、积极进取、奋发成才、勇于战胜困难、乐于奉献社会的精神风貌，也体现了高等学校自觉履行社会责任、积极服务经济社会发展的良好社会形象。

在徐本禹身上体现了当代大学生乐观向上、艰苦奋斗、自强不息的宝贵品质。他面对贫困，始终保持自强不息、昂扬向上的精神状态和艰苦奋斗的作风，不抱怨，不消沉，不等、靠、要，坚持勤工俭学，依靠自己的奋斗战胜困难，改变命运。在徐本禹身上反映了当代大学生志存高远、勤奋学习、勇于实践的精神风貌。徐本禹始终坚持把"成人"和"成才"统一起来，把理论学习与社会实践结合起来，思想上追求崇高理想，政治上积极要求进步，学习上刻苦钻研，生活上艰苦朴素，努力掌握专业知识，不断提高实践能力，热情投身社会实践，真正做到了品学兼优。在徐本禹身上显示了当代大学生关注社会、关爱民众、无私奉献的高尚情操。徐本禹始终坚持把个人价值与社会需要结合起来，把高尚的道德情操、远大的理想志向同实实在在的奉献活动结合起来，树立正确的人生观、价值观，自觉承担社会责任，追求崇高的生活意义，把自己融入人民群众和现实生活之中，既体现了知识分子的思想、才华和激情，又体现了共产党员的先进性。徐本禹作为优秀大学生典型，集中体现了新时期高等学校思想政治教育工作，特别是贫困生帮扶工作和大学生社会实践教育的成果，是全面贯彻中央十六号文件精神，进一步加强和改进大学生思想政治教育工作的生动教材。徐本禹的事迹可感、可知、可学，既典型又鲜活，既崇高又质朴，既能感染心灵又能启发思考，具有鲜明的时代特征。当前，在大学生中学习宣传徐本禹，可以教育引导大学生特别是贫困大学生树立正确的人生观和价值观，坚定正确的政治方向，乐观向上，自强不息，勤奋学习，勇于实践，自觉履行社会责任；同时，对提高大学生思想政治教育的针对性、实效性和吸引力、感染力，也具有积极意义。

二、志愿服务

志愿服务是指志愿者组织、志愿者服务社会公众生产生活和促进社会发展进步的行为，是指在不求回报的情况下，志愿者为改善社会，促进社会进步而自愿付出个人的时间及精力所做出的服务工作。志愿服务的范围主要包括：扶贫开发、社区建设、环境保护、大型赛会、应急救助、海外服务等。

志愿服务起源于19世纪西方国家宗教性的慈善服务，是人类文明发展到一定阶段的产物。二战以后，很多西方发达国家已把志愿服务纳入到本国政府的宏观调控之中，通过一系列的政策制度、法律法规来规范志愿服务。志愿服务这一概念在20世纪80年代引入中国，1993年首次在官方文本中出现"青年志愿者"这一称谓。此后，"中国青年志愿者协会"及各地志愿者协会相继成立，促进了志愿活动在全国各地的开展。

志愿服务的功能是：社会动员、社会保障、社会整合、社会教化；促进社会和谐，促进社会进步。

▌▶ 拓展阅读

普通人的不普通——蔡瑞杰

2019年4月30日10时30分，纪念五四运动100周年大会在人民大会堂举行。中共中央总书记、国家主席、中央军委主席习近平出席大会并发表重要讲话。五四风雷，激荡百年。新时代中国青年如何继续发扬五四精神？1993年以来，中国涌现出一批青年志愿者典型人物事迹，这些事迹展现了中国青年志愿者的时代风貌，让伟大的五四精神在青年志愿服务行动中放射出更加夺目的时代光芒。蔡瑞杰是这些青年志愿者中的一员。

2008年，蔡瑞杰志愿参加北京奥运保电工作后，便开始频繁参与志愿服务活动。他积极为山区困难孩子筹集善款。2013年蔡瑞杰创办了宝鸡市玖壹柒公益服务中心，截至2019年，玖壹柒公益服务中心的在册志愿者有1000余人，他们先后开展了困境儿童微愿望认领、助老助孤、帮扶贫困青少年、结对帮扶社区困难群体等志愿服务活动1000余次，承接了10余个政府购买服务的志愿服务项目，与30余家爱心企业和新媒体联合建立志愿服务长期合作机制，帮扶人群累计达5万余人。

"关爱留守、孤贫学生，青青草微愿望"活动是宝鸡市玖壹柒公益服务中心的品牌活动之一，活动中蔡瑞杰组织志愿者累计为宝鸡市1000余名困难和贫困孩子们完成了"想要一个篮球、书包、一套十万个为什么书籍、一个芭比娃娃"等微愿望，开展结对互动、帮扶活动100余次，团队志愿者与留守、孤贫学生结为一对一帮扶对子超过600

对。2018 年,蔡瑞杰带领志愿者共计完成 120 名困境学生的资金支持项目活动,为每名困境学生送去每年 1200 元的现金帮扶。

2008 年至今,蔡瑞杰组织并参与各项志愿服务活动超过 1000 次,志愿服务时长超过 10 000 小时,先后荣获第十一届中国青年志愿者优秀个人奖、2016 年度学雷锋志愿服务"四个 100"先进典型之最美志愿者等荣誉称号。

三、志愿服务精神

(一) 奉献

奉献是志愿服务精神的核心。一个民族的兴盛,一个国家的富强,一个政党的发达,一个团体的凝聚,一项事业的辉煌,都离不开奉献精神。奉献是一种精神开拓,是灵魂的再现,是感情的流露,是大我的创造。古往今来,无数事实告诉我们,没有勇于奉献的精神,就没有现实中的伟大成就。奉献的最大价值还不在于实在的业绩,而在于它开拓出了一代人的风范,带动了一代人的激情,激励了一代人的强劲,鼓舞了一代人的精神。这种精神是脚踏实地的,是看得见、摸得着的,是人人备受鼓舞的,是实实在在的无私。具有奉献精神,志愿服务就有了活的灵魂和行的力量。

(二) 友爱

友爱是志愿服务精神的源泉。从本质上而言,每个人的内心都是孤独的,在孤独的背后,都隐藏着一种对爱的渴求和对归属感的盼望。正是这种内心深处强劲的渴求和盼望,才让人们源源不断地付出友爱,并在友爱中得到别人的安慰、支持和帮助。然而,现实中,人与人之间的隔膜却日渐加重,关系日渐疏远,人们虽心里渴望友爱,却不愿主动敞开心门。而志愿精神就是要鼓励人们把对爱的渴求转化成爱本身,主动打开心门,去接纳无数需要爱的人。因为奉献和友爱,志愿精神让整个世界充满光明与温情,志愿者们彼此之间、志愿者与服务对象之间,永远是亲密的朋友,是兄弟姐妹,他们在细微的服务中传递着人与人之间的关心、爱护与帮助。志愿者用源于内心的爱让彼此都得到满足,用自己的行动感召着周围的人,使更多的人加入这个队伍,进而不断壮大。

(三) 互助

互助是志愿服务精神的延伸。互助是一种集体文化,其核心就是要求集体成员互相帮助、齐心协力、密切配合。这样,每个集体成员的积极性就都发挥出来,充分调动起来。互助,可以是精神方面的,也可以是物质方面的,但更多的是二者交融在一起的。从现实上来说，小至夫妻、三五人的微小企业、优秀球队，大至几千、几万人的企业，再大至一个政党、一个社会，其拥有和谐相处、永葆活力的生态环境，都是互帮互助、团结友爱的结果。志愿服务包含着深刻的互助精神，它提倡互相帮助、助人自助。志愿者凭借自己的双手、头脑、知识、爱心开展各种志愿服务活动，帮助那些处于困难和危机中的人们。志愿者以互助精神唤醒了许多人内心的仁爱和慈善，使他们付出所余，持之以恒地真心奉献；以助人自助精神帮助人们走出困境，自强自立，重返生活舞台。受助者获得生活的能力后，也会投入到关心他人、帮助他人、为社会做贡献的志愿活动中。

（四）进步

进步是志愿服务精神的目的。在志愿服务活动中，志愿者可以得到机会发挥和锻炼自己的能力，同时在活动中发现自己的种种不足，加以及时、适当的弥补，以提升自己的综合素质。进步的更大意义，是通过志愿服务，促进社会整体事业的进步发展。志愿者通过精神的感召、情感的传递、现实的行动，让周围洋溢着一股正能量，也让更多社会人士了解志愿服务的精神，从而加强社会对志愿服务机构的支持。在志愿活动中无处不体现着进步的精神，正是这一精神使人们甘心付出，追求社会和谐之境的实现。

四、大学生志愿服务的特点

（一）公益性

大学生志愿服务作为一项崇高的社会公益事业，以服务他人、奉献社会为出发点，本质上具有公益属性。大学生志愿服务的公益性表现为志愿服务是大学生在不追求经济利益的前提下，为锻炼自我、实现青春理想和促进社会发展所做出的社会行为，具有向善性，如"科教文卫三下乡活动""大学生志愿服务西部计划"等都体现了大学生志愿服务在促进个体进步和社会和谐发展中的重要作用。大学生志愿服务是中华民族优秀传统文化与现代文明交织的时代产物，是现代救助手段与文明思想的有机结合，其实质是大学生以锻炼自我为目的，以帮助他人、服务社会为己任，将参与志愿服务视为自我应尽义务，在服务社会中实现自我价值。通过志愿服务活动，大学生志愿者以实际行动向社会展示了新时代青年学子的道德境界，营造了"我为人人、人人为我"的公益氛围。

（二）导向性

导向性是指促使某件事向着某一预期方向发展的特性。大学生志愿服务的导向性包括个体导向和社会导向两方面，主要是指志愿服务活动在青年学生成长成才和社会发展中的积极作用，能够促进青年学生以志愿服务为载体实现其成长成才和社会和谐有序发展的预期目标。大学生志愿服务的个体导向性是指大学生志愿者通过志愿服务活动集社会教育、学校教育和自我教育于一体，强化自我教育，塑造健全品格，培养创新精神和服务意识，增强社会责任感，实现自我健康可持续发展；大学生志愿服务的社会导向性是指青年学生通过志愿服务活动传递社会正能量，以身作则地发扬志愿精神和传统美德，构建和谐社会，推动社会良性发展。通过志愿服务活动，大学生志愿者发挥青年榜样作用，秉承服务理念，实现志愿服务全民认同，助力社会主义精神文明建设。

（三）教育性

大学生志愿服务是高校贯彻实践育人理念、实现立德树人教育目标的重要载体，也是高校学生自我教育的重要平台，因而具有教育性的特点。大学生志愿服务的教育性体现在其坚持以人为本原则和价值引导原则两方面。首先，大学生志愿服务的核心要求是以人为本。这要求高校志愿服务做到以志愿者和服务对象为中心，既要保证大学生在服务过程中的主体地位，又要在关心、尊重服务对象的基础上，激励服务对象走出困境，彰显志愿服务的人文关怀。其次，价值引导原则是大学生培养良好道德品质的思想基础。基于马克思主义理论和社会主义核心价值观的引领，高校青年志愿者以志愿服务活动为载体实现理论与实践的统一，深化对课堂理论知识的理解，在服务活动中检验和发展理论知识，实现能力提升与知识储备扩充全面发展。通过志愿服务活动，大学生重构自我道德认知结构，培养创新精神、服务精神和奉献精神，不断提高可持续发展能力，实现自我全面发展。

（四）组织性

一般情况下，我国大学生志愿服务是在高校共青团的领导下，按照整体规划、分层部署、实际运行等程序有计划开展。组织性是指高校青年志愿者在高校共青团的统一安排下，按照选拔、培训、使用、评估等组织程序参与志愿服务活动，以保障高校志愿服务良性运行。经过多年探索和经验积累，目前我国青年志愿服务形成了以共青团为核心，依托高校各级社团和社会性质的服务组织为基本组织形式，青年学生踊跃参与、社会认可度高的服务格局。目前，青年学生参与志愿服务活动主要有两种途径：一是以学生身份参与高校共青团依托社团组织定期举办的志愿服务活动；二是以个体身份参与社会性质的志愿服务活动，在社会服务组织的统一安排下参与服务活动。青年学生无论是以高校学生还是社会个体身份参与志愿服务活动，都必须按照程序。

五、大学生志愿服务的重要意义

（一）大学生志愿服务是促进大学生全面发展的重要途径

在大学生群体中，有一部分学生自身社会化进程缓慢，缺乏适应社会发展所需的能力和技能，与社会严重脱节。大学生志愿服务因其服务活动多样化的特点，成为青年学生接触社会、适应社会的重要载体，使其在适应社会化进程中成长成才，成为合格的时代青年。首先，志愿精神能够引领思想。大学生志愿服务强调志愿者和服务对象二者之间的相互理解。这不仅要求大学生志愿者强化对志愿精神的价值认同和对志愿者的角色认同，增强服务意识和奉献精神，以实际行动激发服务对象的潜能，使其重拾自信；同时也要求服务对象理解志愿者，配合志愿者的合理要求，保障志愿服务高效开展。其次，志愿服务能够强化实践。大学生志愿服务作为高校参与公益事业的重要载体，以帮助他人、服务社会为出发点，以实际行动锻炼青年志愿者，助力青年志愿者健康成长。大学生志愿者在志愿服务过程中可能会面临突发问题，这就要求大学生志愿者提高综合能力和专业素质，具备吃苦耐劳和艰苦奋斗精神以及应急能力和解决问题能力等，有效解决突发问题，高效率完成志愿服务活动。

（二）大学生志愿服务是大学生参与社会治理的重要方式

新时代背景下准确把握大学生志愿服务与社会治理之间的关系，有助于积极发挥高校学生主人翁作用，让学生参与社会基层治理，促进基层地区和谐有序发展。大学生志愿服务活动作为最广泛的道德构建行动，以共建共享共治为基础，以帮扶弱势群体为出发点，通过调节人与人之间的关系优化基层社会治理工作，缓和社会基层矛盾；同时为一些亟待解决的社会问题提供有价值的参考建议，促进基层地区和谐发展。此外，高校志愿者以志愿服务为载体传递志愿精神和志愿文化，唤醒社会成员的道德共识，增强社会成员的价值认同，使大学生志愿服务活动成为彰显青年本色和中国特色的重要标识，进一步实现对社会成员的道德构建，促使社会成员积极投身基层治理工作，推动基层公共生活健康发展。大学生志愿服务作为高校参与社会基层治理的重要方式，以青年学生为主体，通过实际行动整合社会公益资源、唤醒社会成员的服务意识，使更多人参与社会基层治理，为实现国家繁荣富强、社会和谐稳定、人民安定幸福的目标奋斗。

（三）大学生志愿服务是大学生践行社会主义核心价值观的重要载体

大学生志愿服务从思想引领和实践强化两方面深化高校学生对社会主义核心价值

观的理解和认同，促进其积极培育和践行社会主义核心价值观。首先，志愿精神是大学生培育社会主义核心价值观的思想基础。志愿精神传承了中华优秀传统文化和传统美德，蕴含丰富的伦理思想和道德要求，具有强大的聚心凝力作用。大学生志愿者通过志愿服务活动传承志愿精神，传递和谐友爱、平等互助的主流思想，这为大学生正确理解社会主义核心价值观的内涵、重要意义奠定思想基础。其次，大学生志愿服务是大学生践行社会主义核心价值观的重要手段。青年志愿者以志愿服务为载体深化对社会主义核心价值观的理解，同时又以实际行动践行社会主义核心价值观，实现对社会主义核心价值观由内化向外化的转变。基于社会主义核心价值观的思想引导，青年志愿者以志愿服务为载体，践行社会主义核心价值观，聚焦和放大社会正能量，实现助人与自助的有机结合，实现服务对象与志愿者的双赢，既提升服务对象的生活质量，又提高志愿者的自我思想境界，培养健全人格、提升专业技能和能力，促进自身健康可持续发展。

（四）大学生志愿服务是促进人力资源开发和优化人力资源配置的

重要途径

大学生志愿服务兼具实现立德树人教育目标和人才资源开发目标的双重作用，兼具人力资源开发和人力资源配置的特殊价值。高校志愿服务活动旨在挖掘大学生志愿者的潜能，实现对大学生志愿者的人力资源开发，优化青年志愿服务人力资源配置。从人力资源开发角度而言，大学生在参与志愿服务的过程是大学生接受教育、提升能力的过程。通过志愿服务活动，大学生在基于课堂理论知识的基础上进行自我教育，自我内化课堂理论知识，在服务中提升创新能力、学习能力、沟通能力、承受挫折能力等。从人力资源配置角度而言，大学生志愿服务不仅为偏远地区输送高质量人才，也在一定程度上解决了大批高校毕业生就业问题。"大学生志愿服务西部计划"作为实现人力资源开发和优化人力资源配置的重要载体，是西部人才紧缺地区与大学生志愿者合作双赢的重要展现。"大学生志愿服务西部计划"自 2003 年开始实施以来，已有 40 余万名大学生志愿者奔赴西部地区开展志愿服务工作，有效改善了我国不同地域之间的人力配置状况，缓解了西部人才紧缺的现状。

第二节　志愿服务在中国的兴起与发展

学习导入

社会发展进程中的一道光——志愿服务

现代志愿服务起源于 19 世纪初西方国家宗教性的慈善服务，志愿活动在世界上已经存在和发展了 100 多年。据北京大学志愿服务和福利研究中心（2002 年 7 月 16 日正式成立，该中心是我国第一家专门从事志愿服务和福利研究与培训的机构）丁元竹主任介绍，中国最早的志愿者来自联合国志愿人员组织。1979 年第一批联合国志愿者来到中国偏远地区，从事环境、卫生、计算机和语言等领域的服务。20 世纪 80 年代中期，民政部号召推进社区志愿服务，天津和平区新兴街是早期开展社区服务的典型。20 世纪 90 年代初，中国青年志愿者协会成立。社区志愿者和青年志愿者是目前我们国内最大的两支志愿队伍。

在中国志愿者有南北两个叫法：北方称为志愿者，南方则叫义工。志愿服务最近几年越来越成为一种国际潮流。西方有学者专门指出，"如果说人类发展前 500 年是技术革命带动全球的经济发展，那么今天人类正处于一个十字路口，面临的问题越来越多。后 500 年社会学、社会服务将成为地球上生存的重点，人类也将开始重新调整自己。"

在我国，正式使用"志愿者"这一词汇的时间还不是很长，但是志愿服务的思想却源远流长。在几千年以前，中华民族便形成了助人为乐和扶贫济困的优良传统。志愿服务蕴含着深厚的人文思想和对社会和谐的追求，这一精神实质与中国传统文化是一脉相承的。儒家关于"仁爱""义利"的思想，墨家关于"兼爱""非攻"的学说，都是这种精神实质的典型代表。

讨论交流

你认为大学生参加志愿服务能体现什么价值？

_____

_____

_____

_____

_____

一、义务运动——无偿服务、奉献社会的特殊实践

志愿服务是现代社会的概念，但其关爱他人、服务社会的理念早已根植于中国的传统文化之中。中华人民共和国成立后，人民政府为了宣传社会主义新道德、巩固集体主义价值体系、树立高尚的社会风尚，大力开展的一系列义务运动都带有一定的志愿性质，如爱国卫生运动、学雷锋运动、全民义务植树运动等。

（一）爱国卫生运动

在中华人民共和国成立之初，党和政府十分重视城乡卫生工作。在党和政府的号召下，从 1952 年起，全国人民掀起了以反对美军细菌战为中心的轰轰烈烈的爱国卫生运动。这一运动一直持续至今，其内容从最初的以粉碎细菌战、改变旧中国遗留下来的落后卫生面貌为中心，到以除"四害"、农村"两管五改"、消除传染病和寄生虫病为重点，再到以完善基础卫生设施、改善城乡环境卫生面貌、防治污染、提高人居环境质量、保障人民群众健康为重点。爱国卫生运动有效地改变了中国城乡的卫生面貌，提高了人民群众的科学卫生水平，使爱清洁、讲卫生成为了全社会的风尚。

（二）学雷锋活动

学雷锋活动在中国志愿服务事业的发展中扮演了十分重要的角色，为后来的志愿服务事业奠定了扎实的基础。在雷锋同志生前，他的感人事迹虽然已有报道，在部队中也产生了很大影响，但并没有被社会广泛了解。1962 年 9 月雷锋同志因公殉职，1963 年 3 月，毛泽东主席发出了"向雷锋同志学习"的号召，此后雷锋事迹得以迅速传播，从部队到机关，从工厂到学校，从青少年到成年人，在全社会产生了巨大反响。至 20 世纪 90 年代，中共中央已多次发出了学雷锋活动的号召，各级政府也努力不懈地探索着学习雷锋、贯彻雷锋精神的新形式和新方法，对学雷锋活动起到了巨大的导向和推动作用。2012 年 3 月，为贯彻落实中共十七届六中全会精神，深入开展学雷锋活动，推动学

雷锋活动常态化，中共中央办公厅印发了《关于深入开展学雷锋活动的意见》，进一步促进了学雷锋活动的持续开展。

学雷锋活动能在全国范围内广泛深入地开展，与雷锋事迹的感人性、中共中央的大力号召以及雷锋精神与中华民族传统美德的契合是分不开的。雷锋诚实守信、助人为乐，总是把国家和集体利益放在首位，他自觉将自己的前途命运与社会主义祖国的前途命运紧密联系在一起，处处以国家、民族和集体的利益为重的社会主义新时代主人翁精神感动了一代又一代中国人。雷锋精神在融合了中华民族传统美德的同时又融入了共产主义、集体主义的思想，适应了社会需求，成为当代中国高尚道德风貌的象征。

（三）全民义务植树运动

20世纪50年代中期，毛泽东主席发出了"绿化祖国"、实现"大地园林化"的号召。1956年，中国开始了第一个"12年绿化运动"。为深入持久地动员全国各族人民植树造林、尽快绿化祖国，1979年，五届全国人大常委会第六次会议根据国务院提议，将每年3月12日定为全国植树节。1981年，五届全国人大四次会议又审议通过了《关于开展全民义务植树运动的决议》，号召全国各族人民"人人动手，年年植树，愚公移山，坚持不懈"。通过这一系列政策举措，全民义务植树运动开展得持久而有效，成为世界上参加人数最多、持续时间最长、声势最浩大、影响最深远的一项群众性运动。据统计，1981—2011年，全国参加义务植树的人数累计达到了127亿，义务植树589亿株，使中国的森林覆盖率由12％提高到20.36％，成就为世界瞩目。至2023年，全民义务植树运动已经开展了42周年。目前，义务植树尽责形式有8大类，包括造林绿化、抚育管护、自然保护、认种认养、设施修建、捐资捐物、志愿服务及其他形式。为方便公众参与义务植树，全国绿化委员会办公室已在全国全面推行"互联网＋全民义务植树"，建立了由全民义务植树网、微信公众号和手机APP构成的全国全民义务植树网络平台。义务植树运动在中华大地上仍将生机勃勃地持续下去。

总体来看，20世纪50年代至80年代初，党和政府将现实需要与中国传统文化中蕴含的无私奉献精神关联起来，再结合我党的工作经验，发动群众、走群众路线，开展了一系列带有中国特色的志愿实践义务运动。这些义务运动的主要特点是：党和各级政府的号召成为社会公益事业的主要推动力量，各级政府组织是公益事业的发起者和实施者；义务运动的有效性依赖于高度集中的政治经济体制以及党在人民群众中的崇高威信。义务运动极大地激发了人们的主动性和创造性，促进了国家建设和社会发展。在这些义务运动中，普通民众积极响应党和政府号召并长期坚持参加，民众服务社会的意识得到增强，无私奉献精神也得以弘扬，为中国志愿服务事业打下了良好的群众基础。

同时也应该看到，政府主导下的义务运动违背了现代志愿服务强调的自愿原则，且长期依赖行政手段来推动，使得义务运动在一定程度上变成了被动的群众运动，久而久之难免效果不佳。直至今日，中国志愿服务仍以政府组织引导的方式为主，具有明显的计划性、行政性，这与义务运动的特定历史背景有着密切关系。另外，义务运动强调公益活动的无偿性，一方面强化了民众对他人、集体和社会应尽义务的责任感，有利于民众对公民义务与社会责任的正确理解；但另一方面，也强化了人们对公益事务与金钱不能有任何关联的认识，将回报与公益完全对立起来，这种认知与现代志愿服务理念中权利保障与义务付出有机并存的思想存在着一定的冲突。

二、社区服务——迈向现代志愿服务的探索和尝试

改革开放以后，人们的观念和政府的职能都发生了转变。一方面政府大包大揽、行政命令式的管理已备受诟病，其有效性在新的社会条件下也在不断下降，人们对商品经济时代如何开展义务性活动、如何发扬"雷锋精神"都产生了困惑；另一方面，经济政治体制的改革为人们的思想与行为提供了更加广阔的空间，国门的打开更使国外志愿服务的理念与实践经验进入到人们的视野之中，生活水平的迅速提高以及公民意识的增强，又使民众提升自己、服务他人与社会的需求增强。正是在这样的条件下，中国开始了社区服务的探索和尝试。

所谓社区服务，是指政府领导、发动和组织的社区内成员之间开展的互助性的社会服务活动。社区服务最初是在广泛的学雷锋活动基础上，借鉴西方的有关概念和做法，在政府部门的组织和动员下开展起来的，主要表现形式为邻里互助、社区互助。1983年，北京市宣武区团委推出了"综合保户"活动（"综合保户"即组织团员青年结合本职工作、发挥各自专长，与身边的孤寡病残及军烈属签订服务协议，帮助解决他们生活中的困难，并将这种服务长期固定下来），这一举措避免了以往"做好事"的临时性和短期性。1989年，北京市宣武区天桥街道成立了第一个以社区志愿者为核心的"邻里互助协会"，组织有特长的社区居民开展理发、维修、裁剪等无偿服务活动。这些活动的长期开展使得自愿性、长期性这些志愿服务的根本原则得到了体现。

二十世纪八九十年代，中国社区服务的产生和发展主要得益于民政部门的倡导和推动。自1986年起，民政部就在全国城市范围内动员街道、居民委员会组织开展社区服务。1987年9月，民政部在武汉市举办了全国社区服务工作座谈会。此后，社区服务在北京、上海、天津、深圳等各大城市广泛地开展起来，其中表现最突出的是天津市和平区，它最早建立起覆盖全区的志愿服务网络。1988年，和平区新兴街道朝阳里居委会率先成立了为民服务志愿者小组，随后该街道成立了"社区服务志愿者协会"，这是全国首个以"社区服务志愿者协会"来命名的组织。随着社区组织的发展，社区志愿服

务逐渐由京津沪等大城市扩展到全国。1994 年，北京市民政局、文明办、总工会、共青团、妇联等联合确定每年 10 月第三个周六为社区服务志愿者活动日，此举极大地推动了志愿服务在大中城市街道社区的开展。北京市成立了志愿者协会的居委会更是占到了 90％以上。

值得一提的是，在社区服务广泛开展的这 10 年间，为了迎接 1990 年第十一届亚运会，北京市 4 万名大学生成立了"首都高校亚运会义务服务大队"，承担了宣传准备、环境清理、会务服务等重要职责，开创了大学生义务服务国家大型项目的先河。其后的第三届远南残疾人运动会、第四届世界妇女大会等大型赛事和会议，都采用了这一义务服务方式。这些义务服务不仅具有开创性意义，而且也为下一阶段配合国家大项目开展青年志愿行动积累了宝贵的经验。

从本源及服务的形式和内容来看，社区服务与新中国成立后开展的义务运动，尤其是学雷锋活动有着密不可分的联系。它反映了新的历史条件下，中国基层组织与民众发扬助人为乐光荣传统的意愿，是中国社会借鉴西方社会提倡的自愿、互助、专业服务的现代志愿精神，结合社区生活实际需求，摸索出来的一种新型社会服务形式。社区志愿服务的内容主要集中在生活互助、照顾老弱病残、关心特殊群体等。正是因为它与百姓生活息息相关，所以社区志愿服务一直是最受群众欢迎的公益活动，不仅群众基础好，而且现实性、实用性都非常强。社区志愿服务是中国开展最持久、效果非常显著的一项公益服务。

在这个发展阶段，社区、街道是开展志愿服务的主体力量。社区作为国家最基层的一级群众自治组织，与居民有着最直接的联系。社区了解生活实际，懂得民众需求，能够切合实际安排多种多样的志愿活动。社区志愿服务有效地改善了人与人之间的关系，促进了居民对社区事务的参与，提高了社区的管理水平，为社区和谐做出了贡献。直至今日，不断发展和变革的社区志愿活动仍然是中国和谐社会建设事业的重要组成部分。不过，社区志愿服务很大程度上局限在城市，逐步提高志愿服务的专业性和覆盖范围，尤其是加大农村社区志愿服务的开展仍是今后的一个努力方向。

纵观中国志愿服务的发展历史，社区服务阶段存在着明显的过渡性特征。可以说，在社区范围内开展自愿的、长期的、固定的服务他人的公益活动，是中国志愿服务事业萌发阶段的基本形式，也是志愿服务向现代意义上的志愿服务演变发展的必经阶段。经过社区志愿服务这一成长过程，中国志愿服务事业的发展条件基本成熟。

三、青年志愿行动与奥运志愿服务——中国志愿服务事业的全面建设和迅猛发展

所谓青年志愿行动指的是由团中央于 1993 年下半年发起的，倡导全国青少年自愿

且无偿参与的各类社会公益活动，其宗旨是"奉献、友爱、互助、进步"。在 1993 年 12 月共青团十三届二中全会上，"青年志愿者"这一名词首次出现在官方文本中，并且作为共青团中央实施跨世纪青年文明工程的一项重要内容，郑重地写进了《在建立社会主义市场经济体制进程中我国青年工作战略发展规划》。更引人注目的是，1993 年 12 月 5 日，北京市志愿者协会正式成立，这是全国范围内第一个省级志愿者组织。1994 年 12 月，中国青年志愿者协会成立，它是由志愿从事社会公益事业与社会保障事业的各界青年组成的全国性社会团体。随后全国各省的志愿者协会也纷纷成立，志愿组织管理网络逐步形成，中国现代志愿服务活动如火如荼地展开。这一时期中国志愿服务的发展特色在于青年志愿行动与奥运志愿服务两方面相辅相成，成就了中国志愿服务事业的第一个辉煌。

　　1993 年 12 月，共青团中央决定实施跨世纪青年文明工程，旨在将学雷锋活动从自上而下、有组织的向自觉的、多向的、有组织的方向转变。同年年底，2 万名铁路青年职工率先打出了"青年志愿者"的旗帜，自发地在京广铁路沿线为旅客服务、送温暖。以此为始，全国各地、各行各业的年轻人围绕着各自的岗位职责，发挥专长，开展了各种形式的志愿活动，其范围涵盖了社会保障、社区服务、救援抢险、大型活动、城区建设、环境保护等众多领域。在这些活动中，共青团组织发挥了核心和领导作用。共青团组织的这种作用与其自身的性质和定位是分不开的。众所周知，各级共青团虽然不直属于行政机关，但却是党最可靠的青年组织力量，是党联系青年的桥梁和纽带，同时又是一种群众组织，接受党组织的直接领导。共青团组织不仅拥有这种独特定位的优势，而且拥有成熟的工作体系和公益传统，掌握着丰富的人力资源，群众基础雄厚，基层体系庞大而完善。这些优势彰显了共青团作为青年志愿行动核心组织的有利条件，也决定了共青团组织在中国现代志愿服务史上一直占有特殊的重要地位。

　　西部支教是青年志愿行动极为重要的组成部分，第一支研究生支教团是由共青团中央、教育部共同组建的，于 1998 年开始筹划，1999 年正式派遣。它采取的是自愿报名、公开招募、定期轮换的"志愿接力"方式，每年在全国部分重点高校中招募一定数量的具备保送研究生资格并有奉献精神和服务意愿的应届本科毕业生或在读研究生，到国家中西部贫困地区中小学开展为期 1 年的教育、教学服务，同时开展力所能及的其他扶贫工作。从 2003 年开始，更大规模的"大学生志愿服务西部计划"轰轰烈烈地在全国各地展开。是年 6 月，全国学联第 23 届委员会全委会向全国应届高校毕业生发出"相约西部，放飞梦想"的倡议，号召 2003 届高校毕业生积极参加国家西部开发计划，到贫困地区开展志愿服务，为振兴西部教育事业贡献力量。该计划仍然本着公开、自愿的原则，采取组织选拔、集中派遣的方式，每年招募一定数量的普通高等学校应届毕业生，到西部贫困县的乡镇从事为期 1～3 年的志愿服务，服务内容涵盖中小学教育教学、乡村卫生、农技、扶贫以及当地青年中心建设和管理等各方面。自西部计划开展以来，支教活动也得到了越来越多的社会肯定和政府支持。团中央、教育部、财政部、人力资源和社会保障部四部委联合协同，针对大学生志愿支教活动出台了一系列较为完善的保障和激励措施。支教志愿者在服务期满后，无论是扎根基层，还是自主择业或者继续深造，都将得到一定的政策优惠。支教服务的形式和时间也更加灵活多样，包括长期支教（0.5 年～2 年）、短期支教（1～3 个月）、假期支教（一般为寒暑假）等。西部支教志愿活动基本确立了"接力服务、定期轮换"的长效工作机制。另外，还有不少民间组织开展了独立的支教活动，如中华支教与助学信息中心设立了自己的网站，号召人们通过参加非营利性民间组织的支教公益活动来帮学、助学。总的来看，西部支教为改善贫困落后地区的教育面貌做出了巨大贡献，但是在实践过程中也出现了服务期限短、衔接不良、志愿者后顾之忧严重等问题。只有不断地完善政策，进一步组织和落实各项保障，才能确保支教服务的持续发展。

2001 年 7 月，北京申办奥运会成功。这是中国志愿服务发展史上的一件大事，它点燃了全国人民的志愿热情。在随后的 8 年时间里，北京奥运成为一个国家的象征，"为奥运争光"极大地促进了中国特色的志愿服务发展。正因为全国人民的这种志愿热情，中国在大型活动志愿服务方面取得了其他国家无法媲美的卓越成就。百万名志愿者服务于奥运会、残奥会，是这两个国际赛事成功举办不可或缺的基础，而志愿者的微笑也成为北京最好的名片。国际奥委会、国际残疾人奥林匹克委员会首次在奥运会、残奥会闭幕式上举行了向志愿者代表献花的仪式，以表达对志愿者的敬意，联合国还特别授予北京志愿者协会"卓越志愿服务组织奖"。可见，2008 年的北京奥运会是中国志愿服务发展史上的重要里程碑，4 万支志愿队伍、10 万名赛会志愿者、40 万名城市志愿者为北京赢得了世界的尊敬。①

在这一阶段，中国的志愿服务事业在制度建设方面也取得了一些成果。中共十四届六中全会把深入开展青年志愿者行动写入了《中共中央关于加强社会主义精神文明建设若干重要问题的决议》；中共十六届六中全会明确提出建立与政府服务、市场服务相衔接的社会志愿服务体系的要求；国务院 2003 年批准颁布的《中国 21 世纪初可持续发展的行动纲要》也表示要大力开展志愿服务促进中国社会发展。这些政策和文件的实施对中国志愿服务事业的发展起了重要的支持和保障作用。此外，全国有 16 个省市制定实施了有关志愿者的地方性法规，如广东省早在 1999 年就通过了中国第一部关于青年志愿服务的地方性法规——《广东省青年志愿服务条例》。建立稳定而完善的制度和法规有助于志愿服务事业的长期化、规范化发展，也有利于在公众中普及志愿服务的理念，提升志愿服务的质量。

---

① 王粤：《关于推动北京志愿服务事业规范发展的思考》，《北京市志愿服务立法探讨会论文集》，北京市人大常委会法制办公室，2006 年，第 24 页。

综上所述，20 世纪 90 年代中期开始至 2008 年北京奥运会成功举办，中国的志愿服务事业实现了前所未有的跨越式发展，志愿服务的三大领域——社区服务、青年志愿行动以及大型项目志愿服务都取得了长足的进步。在这一阶段，中国的志愿者队伍急剧扩大，志愿者组织如雨后春笋般涌现，民众参与志愿活动的热情空前高涨，志愿精神和志愿理念在全社会得到了前所未有的宣传和弘扬。

这一阶段社会志愿服务的行政化特点比较突出。所有大的志愿项目运作都由政府主导，依靠行政渠道动员，依赖行政手段推动，也由政府所属部门或机构进行管理并主持评价。那么应如何看待这种志愿服务模式呢？其实，为了在短时间内动员起强大的社会力量，迅速集结志愿力量，以完成重大社会项目，这种模式是适合而有效的。最典型的莫过于 2008 年中国奥运志愿者的实践。通过行政动员，借筹办奥运之机，志愿服务事业取得了举世瞩目的成就，赢得了世界的肯定，这是这种模式的优势。但同时，在行政动员的主渠道作用下，大张旗鼓地组织动员、表彰、奖励，使志愿服务活动具有了浓厚的行政化倾向，自愿、志愿色彩被淡化。其直接后果就是：第一，常态下志愿活动的基本主体是团委系统下组织起来的大学生，使得志愿活动的主体单一，普通民众被组织和动员的渠道极少，这是导致志愿活动普通民众参与率较低的重要原因；第二，带有行政色彩的组织动员对无偿、自愿的志愿精神的培育十分不利（根据国外学者研究，人们参与志愿行动，40％以上是由个人接触或朋友介绍实现的，这与中国志愿行动的行政主渠道反差很大）；第三，行政主导容易导致志愿服务的种类较为单一，需求与供给的对接较差，供需不平衡的现象也较为突出；第四，从发展的角度来看，行政主导模式不利于志愿服务事业的持久发展，单一的行政动员甚至会引起反感。

四、后奥运时代——志愿服务的稳定发展及其问题

如今，志愿服务事业进入了稳定的发展阶段，越来越显示出其魅力和价值，志愿意识也越发深入人心，志愿服务在历次重大社会事件中都发挥了重要作用。

2008 年"五·一二"汶川地震发生后，来自全国各地、各行业的志愿者和志愿团体迅速奔赴灾区，服务于应急救援、物资供求、心理援助和灾后重建等多个领域。大量的志愿者出现在险情频现的救灾现场，置个人安危于不顾，他们所彰显的社会价值、经济价值和精神文化价值深深震撼了国人。2008 年被认为是中国的"志愿者元年"。灾后志愿服务的主要特点是志愿行动快、志愿组织多元、志愿服务内容广、志愿活动影响大，这些与此前的志愿服务相比有许多不同。其中，志愿队伍类型包括了官方组织的志愿者队伍、宗教团体志愿者队伍、民间组织志愿者队伍、企业志愿者队伍以及大量的个人志愿者，这些队伍形成了一波又一波志愿者大潮，具有很强的自发性与民间性。这些普通民众身上所体现出来的爱心、奉献与服务精神，是志愿服务事业得以长久发展的最

坚固的基石。当然，在灾区志愿活动中也暴露出了一些问题，如志愿活动的非组织性、非协调性、非专业性，甚至出现了"志愿过剩"等现象。这些问题需要我们严肃对待、认真思考：其一，各级政府在灾难事件中应如何面对、引导、调拨和管理社会力量；其二，各类志愿组织应如何提高服务的专业性，如何改善服务的质量和效果，如何与各级政府进行沟通和协调等。

2010年上海世博会是推进志愿服务事业发展的新契机。来自全国各地的逾200万名志愿者，在长达184天的会期中为7300多万游客提供了服务，新一代志愿者又一次大放异彩。在"世博会志愿者"这面旗帜下，整个世博会的志愿服务体系分成了三大部分：8万余人的园区志愿者、10万名左右的城市志愿服务站点志愿者、197万余名城市文明志愿者。上海世博会成功地探索出超长服务周期、超大服务人群的大项目志愿工作模式，其中政府承办、体制内动员、社会组织参与是上海世博会志愿服务运作中的突出特色。上海市政府在"打造公共服务型政府"的理念下，实现了管理的强制性与志愿者志愿性的平衡，实现了志愿服务的社会化运作，可以说是后奥运时代中国志愿服务的又一经典范例。

进入后奥运阶段，中国民众对志愿服务的认可度和支持度有了明显提高。志愿主题网站不断涌现，对志愿者的注册管理、培训激励、权益保障等相关政策也在不断制定与完善中，志愿服务走上了平稳、成熟的发展轨道。在这一阶段，各级政府部门、人民团体、企事业单位、社区、学校、非营利组织纷纷组建自己的志愿者队伍，积极参与各类志愿服务。较发达地区政府尤其对志愿服务给予了高度重视。如北京市、广东省等都将志愿服务列入了政府的工作规划，制定了志愿服务发展目标。志愿者队伍不仅种类不断增加，各行业、各阶层的志愿者纷纷被吸引加入志愿队伍，而且队伍也逐步开始向专业化转型，一批服务品牌涌现出来。他们活跃在扶贫开发、助老扶幼、社区建设、环境保护、大型活动、抢险救灾、海外服务等多个领域。

与此同时，志愿服务机构的组织建设和制度建设也都取得了重要进展。中央文明办于2008年与民政部、全国总工会、共青团中央、全国妇联、中国科协、中国残联、中国红十字总会和全国老龄办共同组建了全国志愿服务活动协调小组，为规划和指导全国志愿者队伍建设提供了协调工作机制。民政部门、共青团、工会、妇联、红十字会等经过多年探索和努力在各自组织体系内形成了志愿服务工作网络。

经过近20年的探索和发展，中国的志愿服务事业方兴未艾，成就卓著。尽管如此，中国志愿服务总体上仍处于初级发展阶段，与发达国家相比存在着明显差距。

第一，全社会对志愿服务的认知和参与不足，志愿者参与短期性突出。尽管中国志愿服务发展非常迅速，短期内绝对总量增长很大，但从公众参与的整体情况看，尤其是与其他国家和地区相比，中国公众的志愿行动参与率还是很低的，而且志愿者的自愿性也偏低，短期性现象更是突出。

　　第二，社会上对志愿行为的认同度和支持度依然偏低。志愿者得不到应有的理解和尊重，不少组织和个人将志愿者当作廉价劳动力使用。

　　第三，志愿服务专业化水平不高，志愿者组织的管理、协调与激励机制有待健全。目前，志愿服务领域的专业化水平远不能满足实际需求。在服务类型上，专业化的志愿者服务数量少、规模小，一般性的、常规性的服务占据主体；在服务区域上，志愿服务覆盖不足，有的城市街道以下的志愿服务种类很少，而农村乡镇基本上没有任何志愿者服务，志愿服务地区发展不平衡；从服务对象来看，志愿服务活动覆盖面偏窄，还不能有效补充政府公共服务和市场商业服务之不足，许多志愿服务项目流于形式；在服务的组织管理上，志愿服务管理人员也缺乏训练，其策划、组织和运行项目的能力明显不足，志愿者培训、督导、激励等机制普遍欠缺，志愿者队伍的组建仍是以党政群团、事业单位和社区为主，非营利组织和企业的志愿者队伍很少。

　　第四，志愿服务的管理和协调机制还很不完善。无论是党政群团组织内的还是党政群团组织外的志愿者组织，都只能在各自组织体系内独立开展志愿服务活动，相互之间缺乏有效的沟通，志愿者和志愿服务资源没有得到有效的整合利用。由于国家层面的管理机构缺位，分类管理体制缺乏完整性，众多的志愿者组织之间存在着信息不共享、规范不统一等现象，也没有形成经常性的相互交流与合作机制，这影响了志愿服务工作的总体开展。另外，众多民间志愿者组织还缺乏合理、科学的管理机制，它们的生存更是面临多方面的严峻挑战，"合法化困境"难题一直未解。民间志愿者组织缺乏资金支持，志愿者缺乏权益保障，志愿行动缺乏长效激励机制等。

　　无疑，志愿服务是中国社会建设事业的重要基础和依托，志愿服务作为公民参与社会事务的重要方式，在增进人民福利和社会进步中扮演非常重要的角色，志愿服务事业拥有极为广阔的发展前景。因此，建立和完善社会志愿服务体系应该成为一项公共政策，需要制度和法律层面的大力支持。

第三节　志愿者能力与素养

学习导入

把公益当成一种生活方式——卢闯

卢闯，男，满族，1984年5月生，中共党员，辽宁省盘锦市广田热电集团人力资源部职工。卢闯作为盘锦市网络文明志愿者联盟负责人，在互联网上，他与3.2万名志愿者共同传播正能量，营造清朗网络空间；互联网下，他们一起爱心助学、敬老助残，将爱心的接力棒在辽沈大地上传递，谱写线上线下的爱心故事。

2003年，刚上大学的卢闯就注册成为一名志愿者。看到部分同学将大把时间浪费在电脑屏幕前，卢闯开始在学校发表公开演讲，劝说同学戒除网瘾。在他的感召下，一群志同道合的同学聚到一起，成立了沈阳工程学院志愿者服务队。后来，服务队扩大到校外，周边3所高校的同学们也加入了志愿者队伍，发展为沈北大学城四校志愿者联盟，卢闯担任负责人。在拯救"网瘾"少年的过程中，卢闯到各个QQ群、论坛、聊天室发起公益活动。2008年，他逐渐联络到愿意开展公益活动的QQ群83个，成立了盘锦网络文明志愿者联盟。至今，卢闯已经帮助近200名沉迷网络游戏的青少年摆脱网瘾。

在开展志愿服务中，卢闯和他的团队设计了"共筑七彩梦"关爱留守儿童、"捞人行动"拯救网瘾青少年、"暖巢计划"关爱空巢老人等多个爱心活动，让广大志愿者既能在线上有精神感受，又能在线下找到具体行动支点。团队的多年坚持使得这些活动成为了盘锦市志愿服务的标杆。14年来，卢闯个人资助贫困留守儿童26名、贫困大学生12名，与49名空巢老人常年结对子，累计志愿服务8970余小时，组织和参与线上线下公益活动7800余次。

卢闯荣获全国首批"优秀五星级志愿者""辽宁省优秀共产党员""辽宁省道德模范"等称号，荣登"中国好人榜"。

讨论交流

通过卢闯的举动你认为志愿者应该具备哪些能力？

一、志愿者能力

志愿者需要具备多方面的能力，以便更好地完成志愿服务工作，提高自身成就感与他人满意度。具体而言，这些能力包括：

（1）沟通能力。志愿者需要具备良好的沟通能力，以便与受助者、其他志愿者、合作伙伴等进行有效的交流。他们需要能够清晰地表达自己的想法和意图，并理解他人的需求和反馈。

（2）团队合作能力。志愿者需要具备团队合作的能力，以便与其他志愿者一起协作，共同完成任务。他们需要懂得如何分工合作，如何相互支持和帮助，以及如何协调团队内部的关系。

（3）组织能力。志愿者需要具备一定的组织能力，以便规划和安排志愿服务活动，确保活动的顺利进行。他们需要了解如何制订计划、分配任务、安排时间等，以确保活动的顺利进行。

（4）耐心和细心。志愿者需要具备耐心和细心。尤其是在了解受助者的需求时，他们需要仔细倾听受助者的需求，耐心解答他们的问题，并提供必要的帮助和支持。

（5）适应能力。志愿者需要具备较强的适应能力，以适应不同的环境和任务。他们需要能够快速适应新的工作环境和任务要求，并灵活应对各种突发情况。

（6）自我管理能力。志愿者需要具备一定的自我管理能力，能够自我激励、自我约束和自我反思。他们需要能够合理规划自己的时间和精力，确保志愿服务工作的质量和效率。

▶ 拓展阅读

做专业的志愿者——刘青

2010年4月14日，玉树发生7.1级地震。在之后的志愿服务过程中，刘青在玉树资助了9名贫困学生，策划完成了"格桑花开——西部助学活动"、玉树州曲麻莱县秋智乡水井项目、"画出彩虹"全国儿童慈善巡回画展等大型公益项目 22 个，为玉树贡成五福养老院筹集善款近 10 万元，其中包括义卖地震日记《繁花》所得的 32 920 元。正因为多次参与了汶川、玉树、雅安、尼泊尔等地震的救援工作，刘青从中积累了大量关于抗震救灾的经验，逐渐从一个普通的志愿者成为地震信息收集和研判的参与者。

在深入西部地区救灾和做公益的过程中，刘青也目睹了那里严酷的医疗现状。2014 年开始，刘青创始的台州市青公益服务协会发起了"古咕丁"医疗知识普及计划，该计划得到了第二军医大学、解放军第 100 医院和多家台州单位的支持，江浙沪上百位医护人员参与该计划。截至 2018 年，"古咕丁"团队对玉树 34 所学校的 123 名健康教育老师开展了卫生习惯养成、常见病多发病诊疗、传染病防治等医学科普培训，向师生推广卫生习惯 48 852 人次，帮助符合条件的 5 个学校配置标准化保健室。在团队的不懈努力下，玉树学生的基础疾病发现率从不足 7% 上升至 62.85%。"古咕丁"团队还编辑了玉树州第 1 本藏汉双语卫生教材和 12 套教学章程。在玉树，每培养出一名合格的保健老师，就能辐射 200 至 400 名学生，因此，"古咕丁"团队对于玉树这片土地意义非凡，团队也荣获第三届中国青年志愿服务项目金奖。

刘青曾 14 次进入玉树，2 次进入雅安，3 次进入鲁甸灾区参与救援和重建项目。她本人曾荣获第十一届中国青年志愿者优秀个人奖，她的事迹入选团中央评选出的全国"最美青春故事"。

■ 二、志愿服务动机

在这个快节奏、高压力的社会中，志愿服务如同一股温暖的清流，滋养着人与人之间的温情与连接。它不仅是个人成长的重要途径，更是社会进步不可或缺的力量。那么，是什么力量驱使着无数志愿者投身到这项充满爱与奉献的事业中呢？志愿服务的动机主要有以下几方面。

1. 社会责任感与公民意识

（1）回馈社会。许多志愿者认为，社会给予了他们成长的环境和资源，因此他们希望通过志愿服务来回馈社会，为社会的进步贡献自己的一份力量。

（2）促进公平与正义。面对社会中的不平等现象，志愿者们心怀正义，希望通过自己的行动推动社会向更加公平、和谐的方向发展。

2. 个人成长与自我实现

（1）提升能力。志愿服务为志愿者提供了学习新技能、拓展知识面的机会。在帮助他人的过程中，志愿者们能够不断挑战自我，实现自我能力的提升。

（2）增强自信。通过克服志愿服务中的种种困难和挑战，志愿者们能够感受到自己的价值和能力，从而增强自信心、获得成就感。

（3）寻找生活意义。在快节奏的生活中，许多人感到迷茫和空虚。志愿服务为志愿者们提供了一个寻找生活意义和价值的平台，让他们感受到生命的充实和美好。

3. 人际交往与情感满足

（1）建立社交网络。志愿服务让志愿者们有机会结识来自不同背景、不同领域的人，从而拓宽自己的社交圈，建立宝贵的人际关系。

（2）获得情感支持。在志愿服务过程中，志愿者们能够感受到来自他人的感激和认可，这种情感支持能够给予他们巨大的动力和满足感。

（3）传递正能量。志愿服务本身就是一种正能量的传递。通过帮助他人，志愿者们能够感受到自己的善良和爱心，这种正面情绪会不断积累并传递给周围的人。

志愿服务的动机是多元化的，它源于对社会的责任感、对个人成长的追求以及对人际交往和情感满足的渴望。正是这些动机驱使着无数志愿者投身到志愿服务事业中，用他们的爱心和行动温暖着这个世界。

■ 三、志愿者素养

志愿者需要具备全面的素养，以更好地完成志愿服务工作，为社会做出贡献。这些素养具体包括：

（1）乐观向上的生活态度。只有具备乐观向上的心态，志愿者才能以正常的心态去帮助他人，才能体会到"送人玫瑰手留余香"的快乐。

（2）诚实守信。在志愿服务过程中，志愿者必须诚实守信，这既是对服务对象、志愿者组织和同伴的尊重，也是基本的道德要求。

（3）大局观和团队精神。团队精神的核心是协同合作，合作是全体成员的向心力、凝聚力。志愿者需要具备大局观和团队精神，懂得协同合作，将团队的利益放在首位，避免因个人情绪影响团队的整体运作。

（4）尊重他人。志愿者应该尊重他人，以亲近平等的态度对待服务对象、志愿者同伴等，这样才能赢得他人的尊重。志愿者走进一个集体，就像一滴水汇入大海，只有这样水滴才不至于干涸，才能永远保持活力。

（5）包容的胸怀。志愿者需要具备包容和理解他人的素养，善于聆听不同的意见，以开阔的心胸接纳不同的观点和文化。

（6）守时守纪。志愿者要积极地参加志愿集体的活动，不应迟到早退，更不能随意缺席，绝对不能因为个人原因浪费一个团队的宝贵时间。在会议上或者在与人交流中，不要随意地插话或打断他人的发言和讲话，应该善于倾听他人的意见。

（7）遵守职业道德规范。志愿者应遵守职业道德规范，确保在志愿服务过程中以专业、负责的态度对待工作。

（8）确保心理与身体健康。志愿者在服务他人的同时，也要注意自己的心理和身体健康，保持良好的身心状态才能更好地完成志愿服务工作。

第六章 劳动实践

劳动是创造世界、创造未来的根本，因此教育应与劳动及劳动的社会实践相结合。然而，随着社会竞争的日益激烈，在希望孩子能出类拔萃、成龙成凤愿的驱动下，很多家长都日趋重视孩子的学习和健康，而注注忽视了对孩子劳动能力的培养。加强孩子的劳动教育，不是一家一户的问题，它关系到我们国家的前途和命运，绝不可掉以轻心。

通过本章学习，学生能够了解劳动实践的类型及生活劳动、生产劳动、社会实践劳动的背景意义，并通过各类劳动实践活动提高个人能力。

第一节　生活劳动

学习导入

家务劳动怎么分配？

　　小红的家庭是一个典型的双职工家庭，父母都在忙碌的职场中打拼，平时很少有时间参与家务劳动。长期以来，小红家的家务劳动主要由她的祖母承担。然而，随着祖母年纪的增长，她的身体逐渐不如从前，无法再承担全部家务。

　　在小红的提议下，全家人开始共同努力，每个人都承担了一部分家务劳动。虽然起初他们有些不适应，但随着时间的推移，他们逐渐形成了良好的家庭劳动习惯，家庭氛围也变得更加和谐融洽。

讨论交流

　　1. 你认为家庭劳动在现代社会中的重要性是什么？为什么？

　　2. 在你的家庭中，家务劳动是如何分工的？你认为这样的分工是否合理？如果不合理，你认为应该如何改进？

_____

_____

_____

_____

_____

_____

_____

一、生活劳动的背景和意义

（一）生活劳动的背景

生活劳动，是指人们在日常生活中进行的、满足基本生活需求的各类劳动活动。这些活动包括但不限于家庭清洁、烹饪饮食、衣物洗护、个人卫生管理、物品整理以及简单的家居维修等。随着社会的发展和科技的进步，虽然许多传统的生活劳动已经被现代化的设备和技术所取代，但日常生活劳动依然是每个人生活中不可或缺的一部分。

在快节奏的现代生活中，人们往往忙于工作和学习，容易忽视日常生活劳动的重要性。然而，正是这些看似微不足道的劳动，构成了我们日常生活的基础，保障了我们的生活质量。因此，我们应重视并积极参与日常生活劳动，在生活劳动中培养个人独立生活能力，促进家庭和谐，提升生活品质。

（二）生活劳动的意义

生活劳动具有如下意义：

（1）促进个人全面发展。生活劳动涵盖了衣、食、住、行等各个方面的实践活动，通过参与这些活动，我们能够学习到丰富的知识和技能，提高动手能力和解决问题的能力。同时，劳动过程中的艰辛与付出也能够锻炼我们的意志品质，培养我们吃苦耐劳、勇于担当的精神。

（2）增强社会责任感。生活劳动让我们更加深入地了解社会、认识自我。在参与劳动的过程中，我们能够感受到自己的劳动成果对社会和家庭的贡献，从而增强对社会的责任感和使命感。这种责任感将激励我们更加积极地投身于社会建设之中，为社会的进步和发展贡献自己的力量。

（3）促进家庭和谐。家庭是社会的细胞，家庭和谐是社会稳定的基础。通过共同参与生活劳动，家庭成员之间能够增进理解和沟通，增加彼此之间的信任和依赖。这种亲密无间的家庭关系将为我们提供强大的精神支持，使我们在面对困难和挑战时更加坚定和勇敢。

（4）培养环保意识。在现代社会，环境问题日益严峻，环保意识的提高已成为全社会的共识。生活劳动中的许多活动都与环保密切相关，如节约用水、垃圾分类等。通过参与这些活动，我们能够更加深刻地认识到环保的重要性，并养成良好的环保习惯和行为方式。这将有助于我们共同守护地球家园的美好未来。

生活劳动不仅是我们日常生活中不可或缺的一部分，更是我们促进个人全面发展、增强社会责任感、促进家庭和谐以及培养环保意识的重要途径。我们应该珍惜每一次劳动的机会，用心去感受劳动带来的快乐和收获。

二、生活劳动的类型

（一）校园生活劳动

1. 文明宿舍建设要求

（1）文明宿舍总体应达到"三有""三齐""六净""五无"的目标。

三有：宿舍有宿舍长、有值日安排、有寝室公约。

三齐：室内物品摆放齐、床上衣服叠放齐、个人物品存放齐。

六净：地面净、玻璃净、桌椅净、墙壁净、被品净、洗漱用品净。

五无：宿舍无违禁电器、无宠物、无垃圾、无异味、无杂物。

（2）大学生每天应自觉做到"六个一"、自觉遵守"六个不"，维护宿舍良好生活环境。

"六个一"：叠一叠被子、扫一扫地面、擦一擦台面、整一整柜子、理一理书架、倒一倒垃圾。

"六个不"：异性宿舍不进出，外人来访不留宿，危险物品不能留，违规电器不使用，公共设施不损坏，果皮、纸屑不乱扔。

（3）大学生应杜绝不文明行为，不在宿舍养宠物，不在宿舍楼内抽烟，不在门口丢放垃圾，不乱用公共电吹风等。

▶ 拓展阅读

寝室收纳小工具都有哪些？

1. 宿舍床头置物架

床头置物架可用来存放书本、水杯、手机等小物品，可以为睡在上铺的同学提供方便，减少上下铺的次数。它的承重能力也比较好，不用担心会掉落，可以大胆放心地使用。

2. 真空压缩袋

真空压缩袋主要用于装棉被和各种衣服，通过把棉被、衣物内部的空气抽走（像压海绵就会缩小一样），从而使物品体积缩小，隔离外界空气，以节约空间，并达到防尘、防霉、防潮、防虫的作用。真空压缩袋一般是运用吸尘器或是手动抽气泵来抽掉袋内空气的，是如今收纳家族的一个新成员。

3. 简易桌面小书架

简易桌面小书架可以更大限度地存放物品，并且不会占用过多的空间。

2. "绿色校园"的内涵

"绿色校园"是指学校在实现其基本教育功能的基础上，以可持续发展理论为导向，在全面的日常工作中将可持续发展思想纳入管理，通过制定环境管理制度，开展有效的环境教育活动，创设环境保护的文化氛围，促进师生、家长和专家参与环保和可持续发展的实际行动，全面提高师生的环境素养，共同为社会的可持续发展做出贡献。"绿色校园"不仅仅是"绿化校园"，更主张环境教育从课堂渗透扩展到全校整体性的教育和管理中，鼓励师生民主公平地共同参与学校环境教育活动，加强学校与社区的合作和联系，在实践参与的过程中培养师生面向可持续发展的基本知识、技能、态度、情感、价值观和道德行为，即提高全体教职员工和学生的环境素养，落实环保行动。

"绿色校园"是我国"科教兴国"和"可持续发展"基本战略的具体体现，是 21 世纪学校环境教育的新方法。学校首先是一个传播文化的特定学习场所，是学生获得知识、形成价值观和养成行为的重要场所，承担着正规环境教育的基本职责。学生在学校中的生活至少占每天生活的 1/3，校园环境对学生的影响是显而易见的，因此通过校园的环境、生活和管理体系传递可持续发展思想尤显重要。从环境保护的角度看，学校也被看作是一个环境问题的制造者，它随时对环境产生不良影响，因此有必要对学校进行环境管理和规划，以实现学校的可持续发展；同时学校环境管理活动本身也是师生参与环境保护实践的机会和进行环境教育的资源，有着特定的教育意义。学生可以通过了解校园环境问题的产生和改善，学习环境和社会的知识，理解人与环境的关系，改善校园环境，提高环境素养。

创建"绿色校园"有助于师生深入地认识和理解环境问题的重要性，提高师生环境知识、意识、技能、态度、价值观和行为等素养，使其在今后的个人和家庭生活中更加重视环境问题。对于学校管理而言，"绿色校园"的创建有助于促进学校环境管理体系和相关档案资料的建立，提高环境教育教学和管理水平。对于环境而言，"绿色校园"的创建有助于减少学校对环境的不良影响，回收再生资源，营造优美环境，使校园环境更利于师生身心健康。对于学校与社区的联系而言，"绿色校园"的创建有助于促进学生、教师、学校、社区、政府、企事业单位和民间团体在学校环境教育和管理上的合作。对于教学而言，通过创建"绿色校园"，学校可以获得实现"绿色校园"课程所需要的教育思想、教材和辅导资料，强化素质教育；同时，学校能提高自己在本地区的声誉和形象，有利于学校自身的发展。

▶▶ 拓展阅读

维护校园环境倡议书

校园环境卫生的好坏直接影响到老师和同学们的工作、学习和生活。如今，在我们的校园里，还存在着同学随意乱扔瓜子壳、糖果纸、塑料瓶等现象。每当风一吹起，这些垃圾就在我们的校园里"翩翩起舞"，这跟我们洁净的校园极不相称。"学校是我家，清洁靠大家"，我们相信，没有哪一个同学希望在一个垃圾遍地的环境中学习、生活。所以，我们要向全校的同学们发出如下倡议：

（1）请不要随手乱扔垃圾。

（2）以爱护校园环境为己任，自觉维护校园的清洁卫生，做好值日生工作。

（3）从我做起，从现在做起，养成良好卫生习惯，不乱扔垃圾并提醒乱扔垃圾的同学。

（4）看到地上有纸屑、塑料袋等杂物，主动捡起来，及时清理教室内的垃圾桶。

（5）不再把食物带进教室，同时应主动清理抽屉里的垃圾。

（6）养成勤俭节约的美德，减少浪费，就是减少垃圾。

（7）请使用垃圾袋，防止垃圾散落。

（8）爱护公共设施，不乱涂乱画，不踩踏草坪，不攀折树枝。

（9）自觉与不文明行为说再见，与不文明行为作斗争，成为保护环境的卫士。

（二）家庭生活劳动

1. 为什么家庭要进行劳动教育？

1990年，有一项研究对各国小学生每日做家务的时间进行调查统计，结果显示：美国小学生每日做家务时间为1小时10分，韩国为40分钟，法国为36分钟，英国为30分钟，日本为24分钟，中国只有12分钟。10年过去了，到了21世纪，我国独生子女参加劳动的情况又如何呢？中国青少年研究中心的调查显示：10～15岁的独生子女平均每日劳动的时间只有11.5分钟。

人类在劳动中既创造了丰裕的物质世界，也创造了丰富的精神世界。没有劳动，就没有文明；没有劳动，世界就是一片原始荒漠。人们都渴望得到幸福，但是，幸福既不能靠别人恩赐，也不能靠投机取巧得来，更不能靠损害他人的利益获得，幸福只能靠劳动得来。劳动的人，才可能是幸福的人。

哈佛大学对波士顿456名男孩进行了跟踪调查，调查发现，不论这些人的智力、家境、种族、受教育程度有多大差别，凡是小时候养成劳动习惯的人，即便是在简单家务劳动中锻炼过的人，他们中年时的生活都要比从小没有劳动习惯的人充实、美满。总之，从小参加劳动十分必要。

2. 艰苦奋斗过时了吗？

学生在享受由父辈开创和建设的物质生活的同时，更要自觉地继承他们留下来的精神财富，把这种精神财富作为生活的支柱，并在新的历史条件下将其发扬光大。只有这样，人才能有高尚的精神生活，生活才过得充实、健康、有意义。2003 年全国少工委办公室向全国的少先队员征文"2020 年小康生活的我"，收到了 10 余万份稿件。一些少先队员说："我开着宝马车回家，一按门铃，门就开了。""我雇了三个保镖、两个保姆，还有一个机器人。""我当了庄园主，还有许多外国仆人。""我说 10 句话，就能挣一万多元。""到那时我就什么都不用干了，不干活还能领工资，到处旅游。""我成了公司大老板，有很多钱。我家住在 9 层别墅，顶层是人造海滨浴场……1 层是居室，仆人们都住在院子里。"这就是部分城市少年儿童对小康社会的想象。在这些文章中，选择富有、荣誉、权力、玩乐享受、不劳而获的占绝大多数，而积极向上的只占 15%。大多数孩子对什么是小康社会，怎样创造小康生活，在实现宏伟蓝图中自己需要做些什么显得概念不清、观念错误、认识不足、准备不够。这个结果的产生，是因为成人社会给了学生不良的影响和引导。拜金主义、不劳而获的思想代替了艰苦奋斗、发奋图强的精神。这种扭曲的价值取向不值得我们深思吗？

中华民族在数千年的实践中，创造了丰富的精神遗产，这些精神遗产在世界文明发展史上放射出璀璨的光芒。21 世纪的学生既要批判和抛弃其中封建的内容，也要对其中的精华加以继承和借鉴，并加入时代要求的新内容，使其发扬光大。中华文化的优良传统之一就是勤劳俭朴、艰苦奋斗。这个传统保证了我们民族的生存和发展。

一些发达国家，生活条件比我们好得多，但他们的家长仍然注意培养孩子艰苦奋斗的作风。这值得我们深思。从孩子出生，父母就应设法给他们创造自我锻炼的机会和条件。普遍的做法是根据年龄让孩子做一些力所能及的自我服务性劳动。如一个美国家庭中有三个孩子，他们在家中都有各自的角色：10 岁的男孩周末负责帮父亲割草、浇花、打扫庭院，12 岁的女孩能根据不同的食品配方烘烤出各种各样美味的点心，8 岁的小女孩会编织五颜六色的茶杯垫等。至于发达国家的中小学生当报童的例子更是不胜枚举。据英国报纸推销站联合会统计，全英国约有 50 万送报童。稍大一些的中学生打工也是寻常现象，而且都得到了家长的支持。一位英国人说："孩子打工挣钱，家长都不反对，甚至还鼓励。一则可节约一些开支，更重要的是可以从小培养孩子的自立意识，让孩子知道钱必须用劳动去换取。"美国大学生如果学费全靠家里供给，会被同学看不起。

祖国现代化建设需要我们每一个人的艰苦奋斗和劳动创造。只有在劳动中，学生才能真正体会到劳动成果得来不易，理解父辈养育的艰难，懂得尊重他人的劳动成果，锻炼运用知识解决问题的能力。

▶▶ **拓展阅读**

家庭劳动在子女成长中的重要性

"到了上初中的年龄，还不会洗衣服，更不要说做饭了。"一位学生家长在接受记者采访时如是说。"一回到家就是学习，父母根本不让做家务，说学习要紧，家务劳动全由父母包了，甚至包括整理书包。"一位初三学生也道出了自己的苦恼。提到家务劳动，孩子和父母各执一词。一些父母说，如今的孩子变懒了，不愿帮父母做家务；一些学生则抱怨，是父母不让自己做家务。结果就是孩子很少做家务。

新疆维吾尔自治区日前公布的一份调查结果表明，为了使自己的孩子有个好成绩，乌鲁木齐有64％的学生家长不让孩子做家务。小学生不会自己穿衣，不会剥鸡蛋壳，就连军训也要家长作陪。调查还显示，经常帮父母做家务的孩子仅占1/4，且每天劳动的时间在半小时以内；73.97％的学生在家里很少或根本不做家务。调查中，有42.73％的学生家长认为孩子学习忙，没有时间做家务。调查显示，有26.71％的孩子不想做家务，家长不让做的占18.69％，孩子根本不会做的占到5.64％。

从调查结果来看，孩子不参加家务劳动，主要原因是家长不让做。一些教师认为，如果学生长期不参加家务劳动，时间长了，会养成"衣来伸手，饭来张口"的不良习气和懒惰的不良习惯，最后导致学生产生憎恶劳动、轻视劳动的不健康心理。采访中，一些学生自己也认为，长期不参加家务劳动，会产生依赖心理和对劳动的陌生感。但令人遗憾的是，一些不让孩子干家务劳动的家长还没有认识到这一点。

有关专家指出，让孩子经常参加一些力所能及的家务劳动，不仅不会影响孩子的学习，反而会起到促进作用。专家认为，孩子结束了在学校一天的紧张学习，回到家后，可以通过帮助父母拖拖地、洗洗碗、洗洗衣服来消除学习中的紧张感，减轻疲劳度，从而使学生精力更充沛。同时，父母同孩子一起参加家务劳动，还是和孩子沟通的一个好机会。通过劳动及劳动过程中的谈心、聊天，孩子和父母之间的距离被拉近，亲情的交融会给孩子在学习、生活、精神上增添新的力量。

专家认为，家务劳动也是培养一个人劳动素质的绝佳课堂，它同学校开设的劳动课一样，完全能够达到培养孩子多种素质的目的。一些家长在家不让孩子参加家务劳动，而花钱让孩子到所谓的夏令营去吃苦、去接受锻炼，实在是舍近求远。

专家指出，在未来的社会中，身体素质的好坏和劳动意识的强弱，将是一个人能否取得成功的关键所在。如果不让孩子做家务，使孩子养成过分依赖父母、独立性差、生活自理能力差、劳动观念淡薄等不良习惯，会对他们的成长带来不利影响。专家认为，学校应在这方面多做一些工作，比如把家务劳动列为学生的必修课程之一，对学生必做的家务劳动作出规定，努力做学生父母的说服教育工作，把开展家务劳动开发成一个培养学生良好劳动习惯的教育渠道，让孩子们都养成热爱劳动的良好习惯。

第二节 生产劳动

学习导入

体力劳动和脑力劳动

想象你是一位建筑工人，每天都需要在工地上进行繁重的体力劳动，如搬运砖块、搅拌水泥、操作机械等；同时，你也是一位软件工程师，每天需要面对复杂的编程任务，解决各种技术难题。

在这两种工作中，你需要不断切换角色，体验体力劳动和脑力劳动的不同。你会感受到体力劳动带来的身体疲惫，也会体验到脑力劳动带来的精神压力。

讨论交流

1. 在你的体验中，你认为体力劳动和脑力劳动哪个更辛苦？为什么？

2. 在现实生活中，很多人认为体力劳动比脑力劳动更辛苦，或者相反。你认为这种观念的形成有哪些原因？它是否合理？为什么？

_____

_____

_____

_____

_____

一、生产劳动的背景和意义

（一）生产劳动的背景

生产劳动，作为人类社会存在和发展的基础，自古以来就是人类活动的重要组成部分。从远古时代的石器制作、火种保存，到农业社会的耕作灌溉、手工艺品制作，再到近现代工业社会的机械化生产、自动化流水线，生产劳动的形式和技术手段不断演进，但其核心——通过劳动创造物质财富以满足人类生存和发展的需求——始终未变。

随着科技的飞速发展和全球化的深入推进，现代生产劳动呈现出高度专业化、规模化和信息化的特点。生产方式从传统的手工作坊式向现代化的大工业生产转变，生产效率大幅提升，产品种类日益丰富。同时，全球经济一体化使得生产劳动不再局限于某一地区或国家，而是形成了跨国界、跨行业的复杂网络。

（二）生产劳动的意义

生产劳动具有以下意义：

（1）推动社会经济发展。生产劳动是社会经济发展的根本动力。通过生产劳动，人们创造出各种物质产品，满足社会生产和生活的需要。这些产品不仅丰富了人们的物质生活，还促进了相关产业的发展和壮大，推动了社会经济的持续繁荣。

（2）促进科技进步与创新。生产劳动是科技进步与创新的重要源泉。在生产实践中，人们不断遇到新的问题和挑战，需要运用新的知识和技术来解决。这种需求推动了科学技术的不断发展和创新，使得生产工具、生产工艺和生产流程不断得到改进和优化。

（3）提高劳动者素质与技能。生产劳动是提高劳动者素质与技能的重要途径。通过参与生产劳动，劳动者能够学习到各种专业知识和技能，提高自己的职业素养和综合能力。同时，生产劳动中的团队协作和沟通交流也能够帮助劳动者培养良好的人际关系和合作精神。

（4）实现个人价值。生产劳动是实现个人价值和社会进步的重要方式。通过参与生产劳动，人们能够发挥自己的才能和潜力，创造出有价值的产品和服务。这些成果不仅为自己带来了经济收益和社会地位的提升，也为社会做出了积极的贡献。

（5）促进社会稳定与和谐。生产劳动是社会稳定与和谐的重要保障。通过生产劳动，人们能够获得稳定的经济收入和生活保障，减少社会矛盾和冲突的发生。同时，生产劳动中的公平分配和劳动保护制度也能够保障劳动者的合法权益和劳动安全，维护社会的公正和稳定。

生产劳动作为人类社会存在和发展的基础，具有推动社会经济发展、促进科技进步与创新、提高劳动者素质与技能、实现劳动者个人价值，以及促进社会稳定与和谐等多重意义。我们应当珍视生产劳动的价值和贡献，积极投身到生产劳动中，为实现个人价值和社会进步贡献自己的力量。

二、生产劳动的类型

（一）体力劳动

体力劳动是劳动者以运动系统为主要运动器官的劳动。以生产生活资料和生产资料为主的农民、工人等的劳动均属于体力劳动。我国长期把劳动与体力劳动画等号。

其实，从人类劳动的演变史来看，劳动在一个需求和生产体系中是不断发展的，不同社会形态下的劳动往往具有不同的重点和特征。农业社会的农业劳动主要是人的体力借助自然力作用于动植物的劳动，它基本上是动手与动脑相统一的、以体力劳动为主的劳动。工业社会的劳动主要是制造业劳动，其特征是运用生产工具对初级产品进行加工，动手和动脑的社会分工日趋明显。后工业社会或信息社会的劳动是以生产无形产品（非实物使用价值）的服务劳动为主体的劳动，在产品创造中，体力劳动不再处于中心地位，管理劳动、科技劳动、信息劳动和知识劳动则占据越来越重要的地位。这时，以渊博的知识为社会辛勤劳动并做出卓越贡献的科学家，恰好就是"一不会种田二不会做工"的劳动者。

（二）脑力劳动

脑力劳动是劳动者以大脑神经系统为主要运动器官的劳动。其特征在于劳动者在生产中运用的是智力、科学文化知识和生产技能，故亦称"智力劳动"。脑力劳动是质量较高的复杂劳动，劳动中体力受脑力的支配，脑力以体力为基础，劳动是二者的结合。

体力和智力是劳动力素质的两个不同方面。脑力劳动主要体现劳动者的智力，包括科学文化知识、生产技能和经验。智力具有无限的广延性和创造性以及明显的历史继承性和积累性。

脑力劳动作为一种生产劳动，很早就已存在。脑力劳动可以具体划分为四种基本形态：创造知识的脑力劳动、传授知识的脑力劳动、管理知识的脑力劳动和实现知识的脑力劳动。

（三）服务劳动

服务劳动本身并不创造实物产品，它之所以成为一种物质变换过程，是由于：

（1）服务劳动者通过他身上的自然力——臂和腿、头和手等的运动，引起他人身心状态发生变化并满足其需要，实质上此过程是服务劳动者与顾客之间的一种能量传递，这是人与人之间的一种物质变换过程（不包括自我服务）。

（2）服务劳动者的劳动力发挥往往要借助某种实物形式的自然力的作用，这是人与自然间的物质变换过程。

（3）服务劳动者向劳动过程投入劳动力和自然力，为社会提供某种产出，投入变为产出也是一种物质变换过程。

（4）产出成果——服务产品虽不是实物，但仍属一种物质状态。因物质不能创造或消灭，只能由一种形式变为另一种形式，故服务产品是在物质变换中发生形态变化的。

第三产业中的服务工作是人以自身的活动来引起、调整和控制人与人之间的物质变换过程，属于服务劳动。资本家或私营企业主以管理者的身份从事企业的策划、决策、组织、控制等管理工作也是服务劳动。

第三节　社会实践劳动

学习导入

人类活动的价值循环

人类的一切活动（经济活动、政治活动与文化活动）在本质上都是价值的运动，都是各种不同形式的价值不断转化、不断循环、不断增值的过程。这种价值运动具体表现为使用价值、劳动潜能、劳动价值与新使用价值的循环回路，所有复杂形式的价值运动最终都可以分解为若干个这样的循环回路。

讨论交流

谈谈你理解的社会实践劳动的价值。

_____

_____

_____

_____

_____

_____

一、社会实践劳动的背景和意义

（一）社会实践劳动的背景

在当今社会，随着科技的飞速发展和生活节奏的加快，学生往往更多地沉浸在书本知识和虚拟世界中，与现实生活尤其是劳动实践的距离逐渐拉大。这种现象不仅限制了学生综合素质的全面发展，也让他们难以深刻理解社会的运行机制和劳动的价值。

因此，加强社会实践劳动教育，引导学生走出校园、走进社会、亲近自然，成为当前教育改革的重要方向。

同时，随着社会对人才培养要求的不断提高，具备创新精神、实践能力和社会责任感的人才越来越受到重视。社会实践劳动正是培养学生这些能力的重要途径之一。通过参与各种形式的社会实践劳动，学生可以亲身体验劳动的艰辛与乐趣，学会尊重劳动、珍惜劳动成果，从而树立正确的劳动观念和价值观。

（二）社会实践劳动的意义

社会实践劳动具有以下意义：

（1）促进学生全面发展。社会实践劳动是学校教育的重要组成部分，它能够弥补课堂教学在实践能力培养方面的不足，促进学生德、智、体、美、劳全面发展。通过社会实践劳动，学生可以锻炼身体、磨炼意志、增长见识、提升技能，为未来的学习和生活打下坚实的基础。

（2）培养劳动观和价值观。参与社会实践劳动可以让学生亲身感受到劳动的艰辛与劳动成果的来之不易，从而更加珍惜劳动成果、尊重劳动者。同时，社会实践劳动还能让学生体会到劳动的价值和意义，激发他们的劳动热情，形成良好的劳动习惯，培养正确的劳动观和价值观。

（3）提高创新能力和实践能力。社会实践劳动为学生提供了广阔的实践平台和丰富的实践资源。在社会实践劳动中，学生需要面对各种实际问题和挑战，需要运用所学知识进行思考和探索。这个过程不仅能够激发学生的创新精神和创造力，还能够提高他们的实践能力和解决问题的能力。

（4）提升社会责任感和公民意识。通过参与社会实践劳动，学生可以更加深入地了解社会、关注民生、认识国情。在这个过程中，他们会意识到自己是社会的一员，有责任和义务为社会的进步和发展贡献自己的力量。这种责任感和公民意识的培养对于学生未来的成长和发展具有重要意义。

社会实践劳动不仅是学校教育的重要环节，更是促进学生全面发展、培养劳动观和价值观、提高创新能力和实践能力、提升社会责任感和公民意识的重要途径。

二、社会实践劳动的类型

（一）志愿服务

志愿服务是个人或团体基于自愿、无偿、利他的原则，通过实际行动，为改善社会、增进社会福利而提供的一种服务。它不仅是一种行为表现，更是一种精神的传承与体现。

志愿服务包括社区服务、环保活动、教育支援、扶贫济困等。在社区服务方面，大学生可以参与老旧小区的环境整治、为孤寡老人提供日常照料、协助社区举办文化活动等；在环保活动中，大学生可以参与河流清理、垃圾分类宣传、植树造林等项目；在教育支援上，大学生可以前往偏远地区支教，为那里的孩子们带去知识与希望；在扶贫济困方面，大学生可以参与捐赠物资、义卖助贫等活动，帮助贫困家庭渡过难关。

志愿服务不仅让学生学会了关爱他人、奉献社会，更培养了他们的责任感和同情心。同时，通过与不同背景的人群接触，学生也能拓宽视野，增进对社会多样性的理解。

（二）实习实训

实习实训是连通学习与就业的桥梁，大学生通过在实际工作中的体验，将课堂上学到的理论知识转化为实际操作能力，为未来的职业生涯奠定坚实的基础。

在实习实训中，大学生可以有真实的职业体验。大学生可以在制造业的流水线上了解生产流程，在金融公司的办公室里学习金融分析工具，在政府部门了解政策制定与执行，在教育机构中体验教学与管理等。

实习实训不仅能够帮助大学生提升专业技能，还能够让他们学会职场礼仪、团队合作、时间管理等职场必备技能，为他们毕业后顺利融入社会做好准备。

（三）社会调查

社会调查是指通过问卷调查、访谈等方式，收集和分析社会现象和问题的数据，以揭示其内在规律和特征的研究方法。除了传统的问卷调查和访谈外，社会调查还可以结合大数据分析、观察、实验等多种方法进行。例如，大学生可以利用社交媒体数据分析公众对某一社会议题的看法，也可以通过实验研究不同政策对某一社会群体的影响，还可以围绕社会热点、民生问题等展开调查。

社会调查不仅能够锻炼大学生的研究能力和批判性思维，还能够培养他们的数据分析、报告撰写和公众表达能力，为未来的学术研究和职业发展提供有力支持。

（四）专业实践

专业实践是指针对特定专业的学生开展的专业性实践活动。

不同专业的学生在实践活动中会有各自的专业特色和侧重点。如医学专业的学生在临床实习中需要掌握疾病的诊断与治疗技能，法学专业的学生在法律援助实习中需要熟悉法律条文和诉讼程序，艺术专业的学生则可以通过参与艺术创作展览实习来展示自己的才华。

专业实践让学生有机会将所学专业知识应用于实际工作中，通过实践反馈进一步巩固和深化理论知识。这种理论与实践的紧密结合，有助于学生更好地掌握专业技能，提高专业素养。

（五）创业实践

创业实践是指学生自主创业或参与创业项目，通过实践锻炼创业能力和创新精神的过程。

创业实践可以围绕制订创业计划、筹集资金、组建团队、开展业务等展开。在这个过程中，学生需要学会市场分析、团队协作、财务管理等多方面的知识和技能。

创业实践充满了挑战与不确定性，但正是这些挑战让学生学会了如何在逆境中成长，如何在失败中汲取经验。同时，创业实践也为学生提供了宝贵的实践机会和创业资源，为他们的未来发展带来了更多的可能性。

社会实践的类型多样，每种类型都有其特点和意义。通过参与不同类型的社会实践，学生可以全面锻炼自己的能力，提升综合素质，为未来的学习和工作打下坚实的基础。

第七章 劳动安全

大学生的劳动安全是学校、家庭和劳动实践基地等各方共同关注的重大问题，是影响教学秩序和社会稳定的重要因素。由于当前教学体系和教学方式的客观限制，大学生普遍存在劳动安全意识淡薄、安全知识欠缺、自护能力差、容易发生安全事故等问题。为了减少和避免学生参加劳动期间安全事故的发生，在开展劳动实践之前高校必须强化劳动安全教育，特别是需要组织学生学习和掌握一些劳动安全的基本知识。加强劳动安全教育有利于提高学生防范风险、规避风险的意识和应急自救的能力。劳动安全知识不仅对学生在校劳动期间的安全至关重要，而且对学生工作以后的从业安全也有极大的帮助。劳动安全教育体现了"以人为本"的思想，是实现风险防范的有效途径。积极对大学生进行劳动安全教育，对大学生发展有着十分重要的意义。

本章将从三个方面对学生劳动安全进行阐述。第一部分通过劳动安全的现状介绍加强警示教育，这部分梳理和选取了典型安全事故案例供学生学习；第二部分从劳动事故的预防角度，深入开展敬畏规章、执行标准、夯实基础的专项教育，促使学校、劳动实践基地、学生本人以及学生家庭携手坚守学生的安全底线意识；第三部分通过介绍相关法律法规来强化学生的法律责任意识。

第一节　大学生劳动安全现状

学习导入

劳动安全教育，很重要吗？

某卫生职业院校护理专业学生张兰马上要去医院实习了。学校针对即将进入实习的所有班级学生组织召开了"实习安全教育培训会"，张兰对此不以为意，她心里想：安全教育有什么用？事故也不可能发生在我身上。再说医院环境这么好，在那儿实习能有什么危险？因此她准备在培训会上戴耳机干自己的事。

讨论交流

你同意张兰的想法吗？为什么劳动安全教育很重要？

_____

_____

_____

_____

_____

_____

_____

安全是每个人一生最大的事，劳动安全教育是大学生劳动实践的必修课。通过网络、电视、报纸等各种媒体，我们每天都能看到大量关于学生劳动安全事故的信息。学生意外伤害事件的发生贯穿于包括岗位实习、交通、住宿等环节在内的整个过程。许多学生因为一时粗心大意，忽视了安全的重要性，不但自己受到严重的创伤，也给别人带来无法弥补的伤害。为了减少悲剧的发生，对大学生进行劳动安全教育具有重要意义。

大学生在参加劳动的过程中，由于身心不够成熟、缺乏社会经验，且往往存在对工作环境认识了解不足、心理准备不足、技术操作不熟练等问题，很容易发生劳动意外事故。我国各大高校频繁发生各种触动人心的劳动安全事故，直接反映了对大学生进行劳动安全教育的迫切性。

一、劳动安全事故

劳动安全事故是指在劳动过程中存在的导致人伤亡、财产损失或者其他损失的意外事件。劳动安全事故具有偶然性和突发性，事故一旦发生，会造成人身和财产损失，而且这种损失往往是不可逆的。因此我们在劳动过程中要预防事故，把事故发生的风险降到可承受的范围。学生在劳动实践中的安全事故类型主要包括机械伤害、跌倒摔伤、交通事故、砸伤、突发疾病、灼伤、暴力伤害、动物抓咬伤、溺水等。其中，机械伤害、跌倒摔伤、交通事故是学生实习安全事故的三大主要类型。

学生、学校与劳动单位如果忽视各种安全防范措施，就容易发生事故。尽管学校为了保障安全劳动，采取了一系列措施，但据调查显示，学生劳动过程中，安全事故发生率仍呈逐年上升趋势。以下挑选几个案例进行原因分析，并总结经验教训。

▶ 拓展阅读

劳动安全事故，可以避免吗？

案例1：某职校护理专业实习生，刚进入医院实习，由于紧张，在给患者吸痰时未做好准备，患者咳出的痰液喷到该生眼睛里，导致自身感染。

案例2：某职校实习生，随指导师傅进行拌料操作，结束后师傅去了隔壁车间，留下实习生一人清洁混合机中的剩余底料，实习生误启动了混合机，左手被卷入而导致残疾。

案例3：某职校实习生，在指导老师不在场的情况下，驾驶叉车进入工作场地，因操作不当致使叉车左侧侧翻，倒入路基旁沟中，该生被压在车下，经抢救无效死亡。

从以上案例中，我们可以分析学生劳动安全事故的发生原因：

（1）学生心理准备不充分。学生参加劳动操作前，往往对劳动单位环境、劳动工作过程的认识理想化，对进入劳动现场可能遇到的种种困难、问题与突发事件，缺乏应有的心理准备。因此，一旦遇到突发事件，学生会变得手足无措，甚至操作失误导致事故发生，如案例1。

（2）学生操作技能水平待提高。学生的职业技能水平及其对操作规程的了解程度，直接影响系统的安全运行与操作的可靠性。尤其是当面对突发事件时，学生的职业技能水平决定了他对事故的判断与操作行为决策，并决定了事故控制处理的成败及事故后果的严重性，如案例 2、3。

（3）学生安全意识淡薄。实习生对于学校与企业的安全教育缺乏足够的重视，看到指导老师的操作觉得工作比较简单，认为自己已完全掌握，高估了自己的能力，同时对于实习安全事故的危害性认识不够深刻，如案例 3。

从以上案例可以看出，学生本人操作不当、安全意识淡薄、安全知识欠缺、自护能力差是事故发生的重要原因。很多人身事故的发生，都是由于某些学生不遵守社会公共行为准则、不遵守相关法律法规、不遵守劳动单位有关安全规章制度等，实施了在其年龄段及认知能力范围内都应当意识到的具有一定危险或者可能危及他人人身安全的危险行为，而造成了人身事故的发生。增强安全意识，增加防范措施，排除人的不安全因素是防止安全事故发生需要注意的主要问题。

二、不安全行为

我国《企业职工伤亡事故分类》标准中对不安全行为（造成事故的人为错误）做了详细的列举和分类，需要引起每位实习学生的重视：

（1）操作错误、忽视安全、忽视警告。未经许可开动、关停、移动机器；开动、关停机器时未给信号；开关未锁紧，造成意外转动、通电或泄漏等；忘记关闭设备；忽视警告标志、警告信号；操作错误（指按钮、阀门、扳手、把柄等的操作）；奔跑作业；供料或送料速度过快；机器超速运转；违章驾驶机动车；酒后作业；客货混载；冲压机作业时，手伸进冲压模；工件紧固不牢；用压缩空气吹铁屑；其他。

（2）造成安全装置失效。拆除了安全装置；安全装置堵塞、失掉了作用；调整的错误造成安全装置失效；其他。

（3）使用不安全设备。临时使用不牢固的设施；使用无安全装置的设备；其他。

（4）手代替工具操作。用手代替手动工具；用手清除切屑；不用夹具固定、用手拿工件进行机加工。

（5）物件（指成品、半成品、材料、工具、切屑和生产用品等）存放不当。

（6）冒险进入危险场所。未经安全监察人员允许进入油罐或井中；易燃易爆场合明火等。

（7）攀、坐不安全位置（如平台护栏、汽车挡板、吊车挂钩）。

（8）在起吊物下作业、停留。

（9）机器运转时加油、修理、检查、调整、焊接、清扫等工作。

（10）有分散注意力行为。

（11）在必须使用个人防护用品用具的作业或场合中，忽视其使用。未戴护目镜或面罩；未戴防护手套；未穿安全鞋；未佩戴安全帽、呼吸用具、安全带、工作帽；其他。

（12）不安全装束。在有旋转零部件的设备旁作业穿过肥大服装；操纵带有旋转零部件的设备时戴手套；其他。

（13）对易爆、易燃等危险物品处理错误。

人产生不安全行为和失误的原因也是多方面的。由于人的自身因素对超负荷的不适应原因，如超体能、精神状态差、熟练程度低、疲劳、疾病时的超负荷操作，都能使人发生操作失误和行为偏差。操作不熟练、经验缺乏的人，其精神紧张程度要比操作熟练、经验丰富的人高，更容易发生失误。同时，鲁莽、草率、懒惰等性格，不安、焦虑、急躁等心理因素，饮酒、疲劳、疾病等生理因素，往往成为不安全行为的原因，降低人的反应能力，增加人产生不安全行为和失误的可能性。非理智行为在引发事故的不安全行为中所占的比例相当高，生产中的违章、违纪、冒险蛮干现象，都是非理智行为的表现，非理智行为多是受侥幸、省能、逆反等心理所支配。所以，控制非理智行为是非常严肃、细致的工作。

三、不安全心理状态

根据安全心理学分析，劳动者的不安全心理状态主要表现为以下方面：

（1）侥幸心理。有这种心态的劳动者，通常不是不懂安全操作规程或缺乏安全知识，也不是技术水平低，而是"明知故犯"。在他们看来，违章不一定出事，出事不一定伤人，伤人不一定伤自己。这实际上是把发生安全事故的偶然性绝对化了。在实际作业现场，以侥幸心理对待安全操作的人，时有所见。例如，有些劳动者工作时应该采取安全防范措施而不采取，需要持证作业人员协作而不遵守，自己违章代劳，该使用特定工具而不使用，就近随意取物代之。

（2）省事心理。省事心理是指劳动者在劳动中尽量减少能量支出，能省力便省力，能将就凑合就将就凑合的一种心理状态，它是懒惰行为的心理根据。在实际工作中，我们会发现有些违章操作是由于干活图省事、嫌麻烦而造成的。例如有的操作工人为节省时间，用手握住零件在钻床上打孔，而不愿事先用虎钳或其他夹具先夹固后再操作；有些劳动者宁愿冒点险也不愿多伸一次手、多走一步路、多张一次口；有些人明知机器运转不正常，但也不愿停车检查修理，而是让它带"病"工作。凡此种种，都和省事心理有关。

（3）麻痹心理。有些劳动者，虽然知道劳动实践中安全的重要性，但是因为日复一日的工作中没有发生事故，就开始忽视安全，放松警惕。慢慢地，他们开始觉得劳动安全是为应付上级要求或各级检查的"表面工作"。

（4）自私心理。带有自私心理的劳动者，以自我为核心，只图自身方便而不顾他人，不想后果。例如，出了事故，当事人为了逃避处罚，尽可能地减少自己在事故中的责任，因而不如实地反映问题。事故发生时在场的其他人员怕受牵连，或怕遭到当事人的埋怨，也不如实地反映问题，给事故调查带来了不应该有的困难，因而造成事故原因不能及时查明，使事故有了再次发生的可能性。

（5）贪小便宜心理。安全检查经常发现配备齐全的闸刀盖、现场照明的灯泡、现场配备的安全帽被工人"顺手牵羊"拿走的现象。这种贪小便宜的行为，最终会导致劳动者吃大亏，伤害自己。

（6）走捷径心理。有些劳动者在劳动中总是想方便，想走捷径，把必要的安全规定、安全措施、安全设备当成他们工作的障碍。例如有些人图凉快不戴安全帽，为了省时间而擅闯危险区，为了多生产而拆掉安全装置，为了尽快动火不开动火证等，这些行为都容易引发劳动安全事故。

（7）冒险心理。冒险心理表现为，有些劳动者争强好胜，喜欢逞能，把冒险当作英雄行为；有些劳动者曾经有违章行为而没造成事故，便把这种情况当成常态，无视劳动安全；有些劳动者为争取时间，不按规程作业；也有些劳动者企图挽回某种影响，盲目行动，蛮干且不听劝阻。

（8）逆反心理。有逆反心理的劳动者常常存在无视劳动规范或管理制度的对抗性心理状态，在行为上表现为"你让我这样，我偏要那样，越不许干，我越要干"等特征。

（9）从众心理。有从众心理的劳动者认为，如果别人都在违规，而只有他一个人遵章守纪就显得与大家不一样，这是群体违规的心理原因。

（10）凑兴心理。存在凑兴心理的劳动者会从凑兴中获得满足和愉悦，他们常通过凑兴行为发泄剩余精力。例如，上班凑热闹、乱动设备信号、工作时间嬉闹等，这些都是发生事故的隐患。

总之，劳动者的心理状态失常会导致劳动产生不稳定性。良好的安全心理状态可以发挥人的积极性、主动性、创造性，从而为劳动安全提供稳定可靠的保障。即将进入工作岗位的大学生要增强安全意识，严格执行劳动标准，落实各项规章制度。

四、不安全状态

《企业职工伤亡事故分类》标准中对不安全状态（导致事故发生的物质条件）也做了详细的列举和分类，以下简单列举大类：

（1）防护、保险、信号等装置缺乏或有缺陷。

（2）设备、设施、工具、附件有缺陷。

（3）个人防护用品、用具缺少或有缺陷。

（4）生产（施工）场地环境不良。

对于物的不安全状态，加强安全检查是消除隐患、防止安全事故、改善劳动条件的重要途径。安全检查应贯穿于劳动的全过程，包括前检查、中检查和后检查，在检查中发现的问题和隐患应及时落实整改。

五、劳动事故规律

学生的人身安全是开展一切教育活动的基本前提，在开展劳动实践活动的过程中尤其需要树立安全意识，掌握安全常识，预防劳动安全事故。

学生劳动安全事故主要呈现出以下特点：

（1）主观因素导致的劳动安全事故为主。学生实习的风险部分来源于主观因素，如劳动组织管理不佳、学生自身风险意识及防范能力低等；也来源于各种客观因素，如生产环境及交通、住宿、餐饮等外部环境不安全等。其中主观因素是造成学生劳动风险事件发生的主要原因。

（2）覆盖范围广。学生劳动安全事故不仅存在于实习岗位中，还贯穿于包括交通、住宿、餐饮等在内的整个过程。

（3）劳动安全事故发生呈上升趋势。近年来，学生劳动岗位事故的发生率不断提高，这与机械化生产水平的提高、学生安全意识的薄弱有很大的关系。

事故是由于某种客观不安全因素的存在，随时间进程产生某些意外情况而显现出的一种现象。安全事故发生频率与事故后果严重程度之间的关系有一个著名的规律——海因里希法则。

▶▶ 拓展阅读

海因里希法则

美国一位著名的安全专家海因里希早在 20 世纪 30 年代就对事故发生频率及其严重程度之间的关系进行了研究，得出了著名的"海因里希法则"。例如，某机械师企图徒手把皮带挂到正在旋转的皮带轮上，由于他站在摇晃的梯子上，且穿了一件宽大长袖的工作服，结果被皮带轮绞入碾死。事故调查结果表明，他使用这种方法上皮带已有数年之久，他手下工人均佩服他技艺高明，结果这种方法最终还是导致了他的死亡。查阅他四年的就诊记录，发现他手臂曾被擦伤 33 次。这一事例说明，重伤和死亡事故虽有偶然性，但是不安全因素在事故发生之前已经暴露过很多次。类似地，海因里希对其他安全事故案例进行了详细的调查研究，根据对调查结果的统计分析得出结论，在同一个人发生的 330 起同种事故中，300 起事故没有造成伤害，29 起造成轻微伤害，1 起造成了严重伤害。即，事故后果分别为严重伤害、轻微伤害和无伤害的事故次数之比为 1∶29∶300。

　　海因里希法则提醒我们，当某人在遭受严重伤害之前，可能已经经历了数百次没有带来严重伤害的事故。在无伤害或轻微伤害的背后，隐藏着与造成严重伤害相同的原因因素。在事故预防工作中，如果我们想要避免严重伤害，就应该在发生轻微伤害或无伤害事故时分析其发生原因，并应尽早采取恰当对策，防止事故再次发生，而不是在发生了严重伤害之后才追究其原因，采取改进措施。

　　劳动安全事故的发生包含着所谓的偶然因素。事故的偶然性是客观存在的，与我们是否明了现象的原因无关。但在一定范畴内，用一定的手段，却可以找出事故发生的近似规律，从外部和表面的联系，找到内部的决定性的主要关系。如应用偶然性定律，采用概率统计的分析方法，收集尽可能多的事故案例进行统计处理，就可以找出导致事故发生的根本原因。这就是通过从偶然性中找出必然性来认识事故发生的规律性，以便把事故消除在萌芽状态之中，变不安全条件为安全条件，化险为夷。

▶ 拓展阅读

劳动安全事故的发生，真的是偶然吗？

　　案例 4：2013 年 11 月 27 日上午，某校实习生徐某像往常一样来到实习单位的车间，打开数控车床，开始加工一根 3 米长的 3 分钢管。加工过程中，钢管发生了弯曲，徐某凑近查看。这时，高速旋转的钢管一下打中了他的头部，徐某随即被送往医院，经诊断，颅骨开放性骨折。万幸的是，徐某佩戴了安全帽，虽受重伤，但没有生命危险。

　　本案例中的劳动安全事故的发生看似偶然，然而在深入调查之后发现，徐某加工钢管的数控机床周边没有护栏，高速运转的钢管裸露在外，明显存在着不安全因素。而徐某在机床依旧运行的情况下，违反操作规程凑近查看。如果徐某的实习指导老师能够及时发现并提醒他不要在工作中的数控机床附近走动，或能够督促实习单位为机床增加安全护栏，实习单位不仅能给学生提供安全帽等防护用具，还能够为学生开设有效的安全指导课程，则徐某所受的伤害基本可以避免。

　　人的不安全行为、不安全心理状态，或机械、物质的不安全状态一般是导致劳动安全事故的直接原因。但深入来看，深层次原因、间接原因是直接原因得以产生和存在的原因。只有重视深层次原因、间接原因并通过加强管理的方式进行预防，才能减少和避免劳动安全事故的发生。大学生实习安全事故的间接原因包括：学校对学生教育培训不够，学生未经培训，缺乏或不懂安全操作技术知识；指导老师劳动组织不合理；指导老师对现场工作缺乏检查或指导错误；实习现场没有安全操作规程或规程不健全；指导老师及学生没有或不认真实施预防措施，对隐患整改不力等。

　　事故的间接原因是事故的本质原因所在。只有针对事故的本质原因制定防范措施，才能最有效、最彻底地达到预防同类事故重现的目的。因此，在进行事故分析时，我们不应只就直接原因做头痛医头、脚痛医脚的表面文章，而应从直接原因入手，追究事故的间接原因及本质原因。

六、劳动风险因素

学生劳动安全风险是指学生在从事劳动过程中可能遭受到的与劳动岗位相关的人身伤害风险。高校的典型劳动安全风险因素主要分布在组织管理、人员素质、交通和环境四个方面。

1. 组织管理风险

（1）规章制度风险：一是高校没有制定劳动教育活动方案、实施手册或规范；二是规章制度缺失，高校没有针对劳动教育活动制定详细、完善的管理规章制度，规章制度缺乏可执行性或执行不到位；三是协调机制不完善、责任机制不健全，在开展活动及遇到突发情况时学生无章可循、无规可守，或有章难循、有规难守。

（2）应急预案风险：一是劳动教育活动突发事件应急预案缺失或缺乏针对性与可操作性，安全保障机制不完善；二是应急预案没有定期更新，高校没有针对应急预案开展专项安全教育和应急演练。

（3）救援能力风险：由于缺乏事前的准备与培训，事故救援能力不足；劳动教育基地缺乏必备的事故救援物资，未配备经过专业救援训练的安全员；在遭遇突发事件时，事故救援不及时，救援资源（人员、物资等）不到位。

2. 人员素质风险

（1）学生群体与个体的素质风险：主观因素包括意识、素养、行为等，客观因素包括疾病、体质等。学生容易发生脱离集体擅自行动、学生间因琐事产生纠纷、活动过程中违规操作等不安全行为。由于学生身体机能尚未发育成熟，抵抗力较弱，或本身就存在过敏体质或既往病史等健康问题，在遇到一定诱因后，导致突发疾病、意外伤亡，为教学管理增加了不确定性因素。

（2）教师及管理人员的素质风险：一是教师及管理人员在劳动教育活动期间存在身体及心理不适情况，不能正常履行安全管理职责；二是教师及管理人员安全意识不强；三是教师及管理人员应急能力差，对劳动教育活动内容和全过程不熟悉，由于事前未做充足的风险评估和突发事件应急预案及演练，管理人员缺乏应对突发事件的能力，在面对突发事件时束手无策。

（3）社会人员的素质风险：劳动教育基地一般是开放的社会场所，人员密集、结构复杂，学生群体因其脆弱性，容易成为一些反社会极端分子的袭击目标。

3. 交通条件风险

（1）交通工具。选择汽车作为公共交通工具时，如果师生乘坐的车辆本身存在安全隐患，出行前未做全面的车辆故障排查，则会增加交通安全风险。

（2）交通路线。劳动教育活动的路线选择不当，遭遇道路维修、封路、路面崎岖不平、城乡接合部或乡村道路缺少交通信号灯等情况，或司机对路线不熟悉，均会增加交通安全风险。

（3）司机素质。如果司机在出发前就存在身体、心理不适等健康问题，则会影响正常驾驶。司机存在疲劳驾驶、酒后驾驶、超速、抢道等违法违规行为，会增加交通安全风险。

（4）学生交通安全意识和行为。学生要严格遵守交通规章制度，避免交通事故，降低风险。

4. 环境条件风险

（1）生活环境风险：如学生被褥床单等不经常换洗，或清洗不干净，导致学生出现过敏反应等；学生校外用餐，餐馆不卫生、食材不新鲜、饮用水水质不达标等，导致学生食物中毒、水土不服等；劳动教育基地正流行某种传染性疾病，防护措施不当导致学生被感染。

（2）人文环境风险：劳动教育基地城市相关问题导致冲突；方言不通造成语言交流障碍、言语冲突；地方风俗习惯导致文化冲突。

（3）自然环境风险：在水域、沙漠、山地、高原等特殊环境活动时学生未穿戴必备的防护装备，对特殊环境缺乏了解；未提前了解天气情况，驻留营地期间偶遇雨雪、雷电、大风等恶劣天气，或在酷热、寒冷等极端天气及夜间出行等，都会增加风险。

第二节 大学生劳动安全事故的预防

学习导入

了解实习单位，提前规避风险

请提前了解自己即将去实习的单位情况，分析在实习过程中可能会遇到的危险和可能的具体危害，想想规避事故风险的方法。

讨论交流

预防劳动事故的意义是什么？

_____

_____

_____

_____

_____

_____

_____

学生劳动安全取决于劳动岗位、劳动组织、劳动教育、现场管理以及学生个人等多个方面的因素，这些因素对于学生劳动安全的综合影响决定了学生劳动安全的总体水平。学生劳动过程中的安全风险因素可分为主观因素和客观因素。其中，主观因素主要体现在院校管理者的风险意识和学生实习组织管理水平以及学生自身风险防范能力等方面，而客观因素主要包括劳动岗位的风险环境。比如，某工作现场非常混乱，工具乱扔乱摆放，管理者无序指挥，劳动者无序作业，没有劳动防护用品，也不知道哪有危险。劳动者在现场行走过程中，不慎被绊倒，撞到锐器，当场身亡。此案例中，隐患属于管理上的缺陷。再比如，某企业对员工进行了安全教育和培训，给劳动者配备了安全帽、安全带等防护用品。但劳动者未系安全带，不戴安全帽，结果在作业时不幸坠落，当场身亡。此案例中，人的不安全行为则可以判断为事故隐患。

一、劳动安全风险管控

学生、学校与劳动单位由于劳动安全事故问题而引起的法律纠纷日益增加。而在我国，关于学生劳动安全事故的处理，从法律层面上来讲，还有许多不完善的地方。不论校内劳动还是校外劳动，都需要对学生劳动安全风险进行管控。校外劳动因其真实的生产环境、生产过程，比校内劳动更为复杂，不可预测性更高，安全隐患更多，管理上更为困难。因此，如何避免劳动安全事故的发生，把劳动安全事故发生率降到最低，显得非常迫切与重要。

预防事故发生有以下防护原则。

（1）消灭潜在危险原则。用高新技术消除劳动环境中的危险和有害因素，从而保证劳动环境最大可能的安全性和可靠性，最大限度地避免危险因素。

（2）降低危险因素水平的原则。当不能根除危险因素时，应采取降低危险和有害因素数量的方法，如加强个体防护、降低粉尘、有毒物质的个人吸入量。

（3）距离防护原则。危险和有害因素依照与距离有关的某种规律减弱。如防护放射性电离辐射、噪声、爆破冲击波等均应用增大安全距离的方法以减弱其危害。最好是采用自动化、遥感等方式，使劳动者远离危险区域。

（4）时间防护原则。这一原则是使人处在危险和有害因素作用的环境中的时间缩短到安全限度之内。

（5）屏蔽原则。在危险和有害因素作用范围内设置屏障，防护危险和有害因素对人的侵害。

（6）坚固原则。坚固原则指提高结构强度，增强安全系统。

（7）薄弱环节原则。该原则指利用薄弱原件，使它在危险因素尚未达到危险值之前预先破坏，例如熔丝、安全阀、爆破片等。

（8）不与接近原则。这一原则指设置使人不落入危险和有害因素作用的地方，或者在人操作的地带中消除危险物的落入，例如安全栏杆、安全网等。

（9）闭锁原则。这一原则是以某种方式保证一些元件强制发生相关作用，以保证安全操作，例如某设备的性能被破坏时自行切断电源。

（10）取代操作人员的原则。这一原则指特殊或严重危险条件下，用机器人去代替人操作。

二、劳动安全注意事项

当前大学生劳动安全事故频繁发生，与学生自身劳动安全意识薄弱有着极大的关系。想要有效减少劳动安全事故的发生率，首先学生需要对自己的能力有清晰、全面、正确的认识。在从事劳动之前，学生首先要询问自己："我的能力可以完成这项工作吗？"不要勉强做无法完成的工作；在此之上，学生需要对劳动安全建立准确的认识，对外在安全事务状态进行科学判断，同时对自己的行为进行控制，避免自己受到伤害。学生要树立"安全为天，生命为本"的理念，明确生命安全在一切事务中，必须置于最高的地位；要懂得安全是相对的概念，没有绝对的安全，只有更安全，没有最安全；要认识到在人们的生活和工作中，危险因素是客观存在的，危险因素的客观性决定了安全教育的必然性和持久性。劳动安全教育必须坚持预防为主，并及时补充安全生产方面的知识。

（一）普通安全常识

大学生即将步入社会，具备科学的安全观、培养敏锐的安全意识及了解一些基本的安全规律至关重要。在实习实训等劳动之前，大学生需要补充的安全基础知识主要有以下方面：

（1）事故原因方面。学生要知道事故具有随机性、隐蔽性、小概率性、突发性、动态性等特征，并了解一些事故预防的原理，知道哪些行为属于不安全行为。

（2）危机辨识能力方面。学生要学会运用已有的基础知识，分析和辨识周围潜在的可能危险源和存在的风险，并且采取正确的方式避开、减少或控制这些风险。

（3）消防安全方面。学生要知道火灾的特点和主要原因、燃烧和火灾的发生条件、火灾的发展过程、灭火的基本方法、初期火灾扑救的基本原则、常见的灭火器及其使用方法等。

（4）电气安全方面。学生要了解电气设备致伤致死的主要原因、怎样使触电者脱离电源、触电急救的基本原则与方法、雷电灾害如何预防、正确使用绝缘安全用具等。

（5）机械安全方面。学生要了解机械伤害的常见类型、机械设备的安全标志和安全认证规定、机械的安全功能、生产设备的主要安全要求、特种设备及其安全方面的规定等。

（6）饮食安全方面。学生在外实习要注意个人饮食卫生，尽可能在家或实习单位食堂就餐，不要食用不干净、过期变质或来源不明的食物，以防食物中毒；注意各种疾病，特别是了解季节性疾病传播的自我防御和自我保护方法；实习期间，发生疾病应到正规医院就诊，避免到非正规的诊所就诊。

（7）交通安全方面。学生要了解交通安全管理的基本规定，能够辨识交通标志、标线、交通信号等；自觉遵守交通规则，不酒后或无证驾驶机动车；不要乘坐"黑车"，要到正规的营运部门购买车票，不要因图小便宜而上当受骗；同时注意乘车安全，保管好自己的钱包和贵重物品，防止被扒窃等。

（8）公共设施安全方面。学生要能够辨识常见安全标志、消防设施、建筑物防雷设施等。

（9）职业病防护方面。学生要了解一些物理因素职业病损知识，知道生产环境对人体生理功能的影响、噪声对人体的不良影响、不良照明对人体的影响、计算机综合征及预防。

（二）职业安全常识

作为大学生，虽然不必像农民、产业工人那样长期使用生产工具从事生产劳动并获得收益，但从学校人才培养规划和职业道路发展角度来看，学生依然需要掌握一定的使用与本专业相关的生产工具的能力，以便为未来的职业道路打下坚实基础。强调掌握这种劳动的能力，不仅能够体现本专业学生区别于其他专业学生的重要特质，而且是大学生未来从事专业化的生产劳动所必需的实践基础。学生在校期间必须以掌握使用本专业生产工具的能力为基本目标，不断锤炼专业技能，提升专业核心竞争力。在劳动期间，学生需要做到以下几点：

（1）提高劳动安全意识。无论是校内劳动还是企业劳动，安全劳动都是第一要务。一时的疏忽可能影响一生，学生要牢固树立安全意识，养成良好操作习惯，杜绝违章作业和不良的工作习惯。在校期间，学生应努力掌握所学技能，加强技能训练，提升操作技能，熟练规程与操作程序，做到心中有数，通过学校各项技能测试。

（2）严格遵守安全操作规程。《中华人民共和国劳动法》规定："劳动者在劳动过程中必须严格遵守安全操作规程。"许多事故的发生与学生违反安全操作规程有关，学生有章不循，造成了许多不该发生的事故，造成了很大损失。因此，学生要充分认识并严格遵守安全操作规程，树立安全第一的思想，以避免事故的发生。如果学生因违反操作规程造成伤亡事故及经济损失，要承担相应的责任。

（3）不断提高劳动技能。学生要胜任劳动岗位的工作，就要不断加强学习岗位知识，自觉提高劳动技能，学会正确处理工作中不断出现的问题及适应周围环境的变化。面对突发事件时，学生应沉着应对，运用所学专业知识与技能，及时制止可能发生的事故，保护自身安全。

（4）遵守劳动纪律和用人单位规章制度。学生参加劳动必须遵守劳动纪律以及学校和用人单位的各项规章制度。劳动纪律是在共同劳动中的规则和秩序，是安全生产的重要保障，也是保证实习生本人和他人安全的基本条件。遵守劳动纪律，主要是要求学生服从分配、调动和指挥，按时上下班，坚守工作岗位。

（5）发现事故及时报告与抢险。劳动过程中发生伤亡事故后，负伤者或者事故现场有关人员应当立即直接或者逐级报告实习单位负责人。报告内容包括发生事故的单位、时间、地点、伤亡情况等。现场相关人员要迅速抢救伤员并协助将其撤离到安全地带，还要尽可能抢救国家财产，以免造成更大的损失。发生事故后，任何人不得擅自移动和取走现场物件，同时尽可能防止事故扩大；必须移动现场物件时，应做出标识，绘制事故现场图，摄影或录像并详细说明；清理事故现场需经事故调查组同意后方可进行。

以医学生为例。对于医学院校的学生来说，在从事专业劳动尤其是医院实习劳动时，还需特别注意因为服务对象是人，而不是物，如违规操作，不仅可能涉及自身的人身安全，更将涉及患者的人身安全，从而发生医患纠纷，甚至很可能会威胁到实习学生本人的安全。

医学生实习劳动期间如果态度不认真，违反规章制度，如未能严格执行制度等极易造成护理安全事故。在临床上常发生的护理差错有打错针、发错药、输错血等，这些都可能引发安全事故。由于服务质量、服务态度、忽视病人心理变化等原因造成漏洞而引起纠纷也是一个不容忽视的安全隐患。由于语言不当，一句话可能引发医闹或官司。目前，医闹越来越严重，如实习生在实习劳动期间，遇到有组织袭击护士站的情况，应及时协助医护人员疏散，如未能及时疏散，应通过各种措施来保护自己，如立即脱掉白大褂进入病房装成患者家属等。

▶ 拓展阅读

学生需要具备的安全观念和意识

（1）树立生命安全至上的观念。生命安全在一切事务中，必须置于至高无上的地位，即要树立"安全为天，生命为本"的安全理念。

（2）安全是相对的。没有绝对的安全；安全没有最好，只有更好；安全没有终点，只有起点。

（3）危险客观存在。在人们的生活和工作过程中，危险因素都是客观存在的。

（4）人人需要安全。安全是互惠的，人人需要安全，安全需要人人。每一个自然人都需要和期望自身生命安全，都需要安全生存、安全生产。

（5）安全第一、预防为主。安全教育是终身教育，有安全知识和意识才能感知风险。

第三节　大学生须知的安全法律法规

》学习导入

学习安全法律法规

请适当了解我国安全生产的形势和每年的伤亡损失情况，联系自己即将实习劳动的具体内容，选出一些有针对性的国家安全生产法律法规和相应条款并进行认真学习。

讨论交流

了解安全相关的法律法规对大学生有什么帮助？

_____

_____

_____

_____

_____

_____

我国职业院校学生劳动权益保障方面的法律法规还有待健全，学生劳动安全风险管理和权益保障机制亟待完善。现行《工伤保险条例》没有将职业院校学生实习劳动安全纳入保障范围。我国劳动法规定，劳动者与用人单位建立劳动关系、签订劳动合同后，才能上工伤保险，而学生在校期间与劳动单位之间不存在劳动关系，因此无法按照现行法律建立劳动合同，参加工伤保险。

为了保障学生在岗位实习劳动过程中的安全，教育部在《职业学校学生顶岗实习管理规定（试行）》中，特别要求"学校和实习单位应当加强顶岗实习学生安全意识教育、岗前安全生产教育和培训。""未经安全生产教育和培训的实习学生，不得顶岗作业。"

规定还要求学校和实习劳动单位要制定《实习学生安全管理规定》等相关管理制度，实施现场调查和指派专人指导、管理，"不得安排中职学生从事高空、井下、放射性、高毒、易燃易爆，以及其他具有安全健康隐患的顶岗实习劳动。"这些规定对于学生劳动安全无疑会起到重要的保障作用。

学生劳动者在生产生活过程中，应了解掌握法律法规赋予的权利、规定的义务，确保劳动过程中的人身和财产安全。《中华人民共和国劳动法》中规定了劳动者应该享有的权利，如平等就业和选择职业的权利、取得劳动报酬的权利、休息休假的权利、获得劳动安全卫生保护的权利、接受职业技能培训的权利、提请劳动争议处理的权利、法律规定的其他劳动权利等。

一、劳动安全相关法律

目前，我国与职业院校学生劳动权益保障有关的法律主要有：《中华人民共和国职业教育法》《中华人民共和国未成年人保护法》《中华人民共和国安全生产法》《中华人民共和国职业病防治法》《中华人民共和国民法典》《最高人民法院关于审理人身损害赔偿案件适用法律若干问题的解释》等。2012年，教育部办公厅印发了《教育部办公厅关于实施全国职业院校学生实习责任保险统保示范项目的通知》（教职成厅函〔2012〕13号），启动了全国职业院校学生实习责任保险统保示范项目。

《中华人民共和国宪法》第四十二条规定，中华人民共和国公民有劳动的权利和义务。国家通过各种途径，创造劳动就业条件，加强劳动保护，改善劳动条件，并在发展生产的基础上，提高劳动报酬和福利待遇。国家对就业前的公民进行必要的劳动就业训练。

《中华人民共和国劳动法》第五十六条规定，劳动者在劳动过程中必须严格遵守安全操作规程。劳动者对用人单位管理人员违章指挥、强令冒险作业，有权拒绝执行；对危害生命安全和身体健康的行为，有权提出批评、检举和控告。

《中华人民共和国安全生产法》第二十八条规定："生产经营单位应当对从业人员进行安全生产教育和培训，保证从业人员具备必要的安全生产知识，熟悉有关的安全生产规章制度和安全操作规程，掌握本岗位的安全操作技能，了解事故应急处理措施，知悉自身在安全生产方面的权利和义务。未经安全生产教育和培训合格的从业人员，不得上岗作业。生产经营单位接收中等职业学校、高等学校学生实习的，应当对实习学生进行相应的安全生产教育和培训，提供必要的劳动防护用品。学校应当协助生产经营单位对实习学生进行安全生产教育和培训。生产经营单位应当建立安全生产教育和培训档案，如实记录安全生产教育和培训的时间、内容、参加人员以及考核结果等情况。"

《中华人民共和国职业病防治法》规定，职业病防治工作坚持预防为主、防治结合的方针，实行分类管理、综合治理。劳动者享有七项职业卫生保护权利：获得职业卫生教育、培训；获得职业健康检查、职业病诊疗、康复等职业病防治服务；了解工作场所产生或者可能产生的职业病危害因素、危害后果和应当采取的职业病防护措施；要求用人单位提供符合防治职业病要求的职业病防护措施和个人使用的职业病防护用品，改善工作条件；对违反职业病防治法律、法规以及危及生命健康的行为提出批评、检举和控告；拒绝违章指挥和强令进行没有职业病防护措施的作业；参与用人单位职业卫生工作的民主管理、对职业病防治工作提出意见和建议。

根据上述有关法律，劳动者享有的权利包括：参加劳动，了解工作场所和工作岗位存在的危险因素、防范措施及事故应急措施的权利；拒绝违章作业，检举违章指挥的权利；发现直接危及人身安全的紧急情况时，有权停止作业或者在采取可能的应急措施后撤离工作场所的权利，以及获得卫生保护的各项权利。劳动者应熟悉和掌握法律法规赋予的权利，确保劳动过程中的人身安全。

■ 二、劳动安全事故责任

学生、学校与劳动单位由于劳动安全事故问题而引起的法律纠纷日益增多，而在我国，关于在校生劳动安全事故的处理，从法律层面上来讲，还有许多不完善的地方。学校劳动安全教育是一项系统性工程，学生在劳动过程中的安全需要学校、家庭以及社会共同合作来保障，各方应各自承担相应的职责，避免出现劳动安全事故。

据统计，90％以上的事故都是责任事故，在分析事故原因的同时，还应分析事故的责任，目的在于划清责任，做出适当处理，使劳动者从中吸取教训，改进工作。

对于事故的责任划分，通常有直接责任、领导责任等。

1. 因下列情形之一造成工伤事故的，应追究直接责任：

（1）违章操作；

（2）违章指挥；

（3）玩忽职守，违反安全责任制和劳动纪律；

（4）擅自拆除、毁坏、挪用安全装置和设备。

2. 有下列情形之一的，应当追究事故单位领导者的责任：

（1）未按规定对职工进行安全教育和技术培训；

（2）设备超过检修期限或超负荷运行，或设备有缺陷；

（3）没有安全操作规程或规章制度不健全；

（4）作业环境不安全或安全装置不齐全；

（5）违反职业禁忌证的有关规定；

（6）设计有错误，或在施工中违反设计规定和削减安全卫生设施；

（7）对已发现的隐患未采取有效的防护措施，或在事故后仍未采取防护措施，致使同类事故重复发生。

3．对有下列情形之一的事故责任者或其他有关人员，应从重处罚：

（1）利用职权对事故隐瞒不报、谎报、虚报或者故意拖延不报的；

（2）故意毁坏、伪造证据，伪造、破坏事故现场，干扰事故调查或嫁祸于人的，无正当理由拒绝接受调查以及拒绝提供有关情况资料的；

（3）事故发生后，不积极组织抢救或指挥抢救不力，造成更大伤亡的；

（4）接到《事故隐患整改意见书》后，逾期不消除隐患而发生伤亡事故的；

（5）屡次不服从管理、违反规章制度或者强令职工冒险作业的；

（6）对批评、制止违章行为和如实反映事故情况的人员进行打击报复的；

（7）故意拖延事故调查处理，不按时结案的。

安全工作是学校工作的重中之重。在加强日常安全教育与监督的基础上，学校应做好应急预案，一旦发生事故，应果断地采取有效措施，尽量把事故产生的危害降到最低程度。

学生在劳动期间对自己的劳动安全更是负有责任，要特别重视劳动技术知识的学习。任何一种稍复杂的劳动，都有方法、技巧问题，学生在劳动中要学得一定的技术、技巧，发现各种劳动活动中的独特规律，从而长知识、增本领；要严格遵守学校的劳动纪律及操作规范，尽量规避各种风险。

参 考 文 献

[1] 何光明，张华敏. 高职学生劳动教育教程[M]. 北京：高等教育出版社，2020.

[2] 吕红，喻永均，王忠. 高职学生劳动教育[M]. 重庆：重庆出版社，2020.

[3] 袁国，徐颖，张功. 新时代劳动教育教程[M]. 北京：航空工业出版社，2020.

[4] 刘余莉. 劳动精神成就时代新人[J]. 学习时报，2020，6：1-2.

[5] 陈苏谦. 培育新时代大学生劳动精神探析[J]. 扬州大学学报，2020，24(3)：79-83.

[6] 赵琛徽，翟欣婷. 大学生公共服务动机的提升路径研究：基于道德认同和志愿服务经历的作用[J]. 江西社会科学，2020，40(3)：221-233.

[7] 刘长生. 大学生志愿服务发展历程、价值意蕴与发展趋向[J]. 北京青年研究，2020，29(1)：62-67.

[8] 莫春梅. 当代大学生社会主义核心价值观培育：以志愿服务精神为抓手[J]. 四川文理学院学报，2019，29(3)：156-160.

[9] 王可. 推动中国优秀传统文化与志愿服务精神的有效融合[J]. 山东商业职业技术学院学报，2019，19(2)：83-86.

[10] 王管，周睿. 我国志愿服务发展的历史考察与展望[J]. 教育观察(上半月)，2016，5(3)：134-136.

[11] 陈曦. 大学生志愿服务[M]. 北京：冶金工业出版社. 2009.

[12] 胡佳新，刘来兵. 回归生活力视域下的青年劳动教育[J]. 中国青年社会科学，2020，39(1)：110-116.

[13] 翁飞霞，张亚伟. 综合实践视域下的劳动教育课程化构建[J]. 中国德育，2019(15)：59-61.

[14] 冯刚，刘文博. 新时代加强大学生劳动教育的时代价值与实践路径[J]. 中国高等教育，2019(12)：22-24.

[15] 陆祉亦. 劳动教育与民办高校思政课实践教学协同育人的探索[J]. 太原城市职业技术学院学报，2019(5)：72-75.

[16] 李敏，高峰. 新时代的劳动教育属于生活[J]. 人民教育，2019(7)：49-52.

[17] 蒋丽君. 高职院校劳动教育理念辨析与实践刍议[J]. 中国高教研究，2019(2)：78-81.

[18] 班建武. 信息社会劳动形态的变迁与劳动教育的新课题[J]. 中国德育，2019(2)：36-39.

[19] 植林，罗嘉文. 新时代大学生劳动教育理论与实践[M]. 北京：化学工业出版社，2020.

[20] 吴超. 学生实习(实训)安全教育读本[M]. 北京：中国劳动社会保障出版社，2015.

[21] 刘向兵. 劳动通论[M]. 北京：高等教育出版社，2020.

[22] 何卫华，林峰. 大学生劳动教育理论与实践教程[M]. 厦门：厦门大学出版社，2019.